U0482494

孤独与相遇的社会学

断片的なものの社会学

岸政彦

九州出版社 JIUZHOUPRESS | 全国百佳图书出版单位

图书在版编目（CIP）数据

孤独与相遇的社会学 /（日）岸政彦著 ； 杨成诗译
. -- 北京 ：九州出版社，2023.10
ISBN 978-7-5225-2131-2

Ⅰ．①孤… Ⅱ．①岸… ②杨… Ⅲ．①社会学—通俗
读物 Ⅳ．①C91-49

中国国家版本馆CIP数据核字（2023）第172162号

DANPENTEKINA MONONO SHAKAIGAKU
Copyright@2015 MASAHIKO KISHI All rights reserved.
Originally published in Japan in 2015 by ASAHI PRESS Co., Ltd.
Traditional Chinese translation rights arranged with ASAHI
PRESS Co., Ltd. through AMANN CO., LTD.
著作权合同登记号：01-2023-2050

孤独与相遇的社会学

作　　者	［日］岸政彦 著　杨成诗 译
责任编辑	段琪瑜
出版发行	九州出版社
地　　址	北京市西城区阜外大街甲 35 号（100037）
发行电话	(010)68992190/3/5/6
网　　址	www.jiuzhoupress.com
印　　刷	鑫艺佳利（天津）印刷有限公司
开　　本	880 毫米 ×1230 毫米　32 开
印　　张	7.25
字　　数	136 千字
版　　次	2024 年 6 月第 1 版
印　　次	2024 年 6 月第 1 次印刷
书　　号	ISBN 978-7-5225-2131-2
定　　价	52.00 元

★版权所有　侵权必究★

目录

绪 论

未被分析的事物

我真正喜欢的其实是这些无法被分析的事物，这些静静地存在着，在日光暴晒后被人忘却的事物。

"父亲，狗死了。"

听到这句话时，我正位于冲绳县南部古老住宅区的民宅中，进行着一场持续到了凌晨的采访。在采访的过程中，调查对象的儿子突然在庭院里这样大声喊道。

喜欢动物的我非常慌张，一时有些不知所措，经历了数秒的沉默。受访者在短暂的停顿之后，又重新开了口。

我询问道："这，没关系吗？"他只说了一句："没关系，没事的，不用担心。"接着，我们的采访就好像什么都没有发生过一般继续了下去，我们没有再提及这件事情。采访结束后我回到了位于那霸市[1]的酒店。

从那以后，我再也没有见过这位受访者。

在 2013 年，我写了一本叫作《同化与异己化——战后冲绳的本土就业者们》的书。在日本经济高速成长的时期，这些

---

〔1〕 位于冲绳县南部西海岸，是冲绳县的政治、经济、文化中心。

年轻人离开冲绳县，来到"日本本土"[1]打工挣钱，又或者是以集体的形式一同前往大都市就业[2]。在这之后，他们当中大部分的人都没能成为"日本人"，而是转身又回到了冲绳县。他们在东京、大阪等地都从事着什么样的工作、过着什么样的生活，他们对于"日本"又有着什么样的体会呢？为什么他们最后基本都回到了冲绳县？我从经历了当时这种"离乡后又重返"的过程的人们口中听取了详细的经过，然后将这些内容结集成册。

　　社会学的研究手段是多种多样的，而我的调查方法是依次听取每一位体验过某个历史事件的当事人本人的生活史。迄今为止，我遇见了许多人，然后记录下了他们所讲述的内容。

　　我曾出版过的《同化与异己化》一书，通过冲绳人的个人叙述，描绘出战后冲绳历史的缩影。在2014年，我写了另一本叫作《街道人生》的书。这本书里收集了我对五个人的访谈，他们分别是：曾经的流浪者、有进食障碍的患者、从事特殊职业的女性、外国籍的男同性患者和"伪娘"。在《同化与异己化》这本书里，我将冲绳人所讲述的内容与冲绳县战后的历史进行对照，并进行了大胆的解释。然而，在《街道人生》这本

---

〔1〕　这里的"日本本土"泛指包括本州、北海道、四国以及九州在内的日本国土。本书所有页下注内容均为译者所注，后文不再一一标注。
〔2〕　原文为"集团就职"，是曾经在日本实行的一种雇佣形态。在20世纪50年代到60年代之间，在地方上毕业的年轻人会一同前往东京等大都市，以集体的形式就业。

书里，我没有加入任何这样的解释，只是将与受访者的谈话原模原样地记录了下来。

文章开头所讲述的片段，正是我在写作《同化与异己化》的过程中，前往冲绳县进行调查时亲身体验的一个情景。

我并非在冲绳县出生。冲绳人对"我们"[1]有着多种多样的称呼，包括冲绳方言里的"内地人"和"大和人"，或者说是直接称呼"我们"为"日本人"。总而言之，在冲绳县，"我们"都是"外来者"。在我年轻的时候刚开始调查那会儿，我在冲绳县没有任何的门路和熟人，为了寻找受访者耗费了许多精力。就算调查结束了，我又要怎么去解释这些访谈的内容呢？我就这样持续陷入了无穷无尽的怀疑、迷惘和苦恼之中。说到底，每个人所讲述的内容很私人，让我一个"外来者"擅自去进行解释真的合适吗？对于这一点我找不到答案。毕竟，我也是给冲绳县"带去"美军基地和贫困[2]的当事人之一。

因此，一方面我会对这些采访资料进行分析，尽可能将它们归入"社会学"的范畴之中（这当然也是非常重要的工作）。而在另一方面，我也想尽可能地珍视这些被排除在"社会学"

---

[1] 这里主要是指除冲绳县以外地区的日本"本地人"。

[2] 冲绳县是日本在第二次世界大战时唯一被美军登陆的直属领土。1945 到 1972 年期间，冲绳的管辖权被移交给美国，与此同时日本本土的经济却在不断发展，使得冲绳县的发展速度大大落后于其他地区。1972 年，美国将管控权转交给日本，日本政府虽然对冲绳地区进行了一定的经济援助，却依旧无法缩短本就贫困的冲绳县与日本其他高度发达地区的差距。

之外的故事和趣闻。倒不如说，这些被排除在我所认知的狭隘的理论和理解之外的内容，反而都是些让人印象深刻的故事和趣闻。

文章开头所讲述的"家犬之死"正是我在对一位五十多岁的男性进行采访时所发生的事情。虽然他讲述的大部分内容已被收录在了《同化与异己化》之中，但是对于这个从"外部"突然闯入的情景，我并没有写下一字一句。

可是，即便已经过去了十几年的时光，我依旧还能鲜明地回忆起那个夜晚，回忆起从庭院传来的他的儿子的声音，在停下讲述的瞬间他脸上的表情，以及当时起居室的布局和家具所摆放的位置。

在采访中被访者家里养的狗死了，这件事与冲绳的历史以及社会，或者说是和社会学这门学问之所以成立，以及社会调查的方法论和理论等一切与我的调查有关的内容都是毫不相干的。可是不知为何，我却对这件事久久不能忘怀，甚至记得比采访的内容还要清楚。

这只狗平时是否受人疼爱？他们是否是一边哭着一边将它以某种方式埋葬了呢？而在当时采取了过分冷淡的态度应对这一事件的受访者，在采访结束之后，有没有流下些许的眼泪呢？父亲冷淡的态度是否伤害到了他的孩子？

我的脑海里总是充斥着这样一些联想。

而除了这些任何人处在当时的情景里都有可能产生的联想

之外，更让我心醉神迷的其实是隐藏在这件事之中的"无意义"。因为那只狗的死亡实在是太突然了，这不仅对我来说是件无法理解的事情，对于受访者恐怕也是如此。从"本土"来的社会学家造访家中，进行采访的过程中，家里养的狗死了。我想，他之所以会在经历数秒的沉默之后将一切当作什么都没有发生过，一定是因为当时在场的我和受访者都认为这件事无法被放进我们当时的对话之中，它是一个无法被"当下"理解的突发事件，是一个"无意义"的碎片。

这个夜晚，就好像一位拉丁美洲的作家所写下的话语那样，"虽然我记不清它写了些什么，但那个短篇小说就是莫名地留在了我的记忆之中"。

大概是在上幼儿园的时候，我有一个奇怪的癖好，便是从地面上随意地捡起一颗小石头，然后着魔般地花上几十分钟盯着它发呆。在广阔的地球之上，在"这个"瞬间的"这个"地点，"这颗石头"被"这个"我给捡了起来。

原本毫无意义的一件小事，却在"我"的生命中无法被取代，这一点无论何时都会让我感动不已。

虽然我的工作就是使用统计数据和历史资料，通过社会学的理论框架对事物进行分析，但是我真正喜欢的其实是这些无法被分析的事物，这些静静地存在着，在日光暴晒后被人忘却的事物。

我很喜欢穿梭于网络的海洋，浏览普通人所写下的大量的博客和推特。那些多年未曾更新过的博客，就好像漂流而来的木材在海岸边等待着被侵蚀殆尽，有着别具一格的美。有许多人喜欢工厂或是旅馆的"废墟"，可我并不是很喜欢这些充斥着"人工"浪漫色彩的事物。比起这些，类似于某个学生所写下的名为"今天的午饭"的这样一些很随意的内容反而蕴藏着真正的美。这么一比较，狗的死亡也算是一个会给人留下深刻印象的事件，可即便如此，我终究没法将这件事归纳为一个"故事"。不管是小石头、博客、家犬之死，它们全都与我的解释和理解擦肩而过，只是静静地存在着。

尽管无法逐一说明，但在我进行走访调查的过程中，仍发生了不计其数的像这样无法理解的突发片段。而像这样的无法被理解的事物也不仅仅会出现在采访的地点，它们星罗棋布，散落于我们的日常生活中。或许作为一名社会学家这样做有失妥当，可我总想着有机会一定要写一本专门收集这些"不能被分析的事物"的书。

作为社会学家，分析谈话的内容是我非常重要的工作。而在这本书之中，我尽可能地收集了那些我无法进行分析和解释的事物，然后用文字将它们记录下来。它们的标题并不统一，顺序也不分先后，文体和风格更是各不相同，但我依旧想随性地记录下这一切。那些散落在世界各个角落的无数"无意义"的碎片，集结起来构筑了这个世界，乃至于在这个世界之中与他人产生羁绊。

人生，
由零碎片段构成

在片段的相逢之中，这些人所讲述的人生纪录片段，如果就这样将它们视作这个人的人生，或是这个人所属群体的命运，抑或把它当成一种具有普遍性甚至是整体性的现象，这种想法本身就是一种「暴力」。

　　这件事发生于十几年前。某一天深夜，电视台播放的新闻节目里专栏作家天野祐吉[1]登场了。我记得当时节目的主持人应该是筑紫哲也[2]。不知道是在谈论关于伊朗还是伊拉克的话题的时候，筑紫说了一句"在那里的伤患"。与此同时天野小声地问了一句"毛蟹"[3]？筑紫回答道："不是，是伤患"，天野跟着说了一句，"啊，是这样啊"。于是他们又顺势回到了原来的话题。

　　就像我前面所写到的那样，社会学研究就是我的工作。我主要的工作方式是直接与人见面，然后倾听他们所讲述的故事。我主要研究的地区是冲绳县，同时也会对一些被歧视的地区进

---

〔1〕　天野祐吉（1933—2013），出生于日本东京市，是日本的专栏作家，创办了杂志《广告批评》，因为对广告进行批判而广为人知。
〔2〕　筑紫哲也（1935—2008），出生于日本大分县，是日本知名记者和新闻主播，曾担任新闻节目《筑紫哲也 NEW23》的主持人。
〔3〕　日语中"伤患"与"毛蟹"发音相近。

行采访。除此之外，在生活中遇到的各种各样的人也会受邀成为我的采访对象。不仅如此，除了这些被叫作"少数派"的人群，我还会去拜访教师、公务员以及大型企业的员工，等等。从这些过着安定生活的人群口中，听取有关成长的故事。我这样一边听取着每个人的生活史，一边思考着什么是"社会"。

作为调查者，我时常会和采访对象成为私交好友，反之，我也会让朋友成为我的调查对象。然而，我与调查对象之间的交集和联系是零碎而短暂的。在大多数情况下，我会通过各种不同的渠道找到未曾谋面的人，并对其进行一到两个小时的采访。而我与他们之间的联系，就只存在于这短暂的一两个小时里。我会在这有限的时间里，聆听其讲述的人生中的几个片段。而采访结束后，我与大多数人都不会再有交集。偶尔，我也会通过电话向未曾谋面的人，或是就连名字都不知道的对象进行采访。

在这种片段的相逢之中，如果就这样将这些人所讲述的人生片段视作这个人的人生，或是这个人所属群体的命运，抑或把它当成一种具有普遍性甚至是整体性的现象，这种想法本身就是一种"暴力"。作为社会学家，我们在工作过程中不得不去分析他人所讲述的内容。这也就意味着我们必须涉足这种思想上的"暴力"行为。那么，我们应该如何面对这个问题？这对我们每一位社会学家都是个大难题。

虽说社会学的工作就是如此，但脱离工作范畴，在进行采访调查的过程中，我所得知的那些在短暂相逢之中的只言片语，那些无法被总结归纳的人生碎片，时常让我为之深深着迷。

当然，就算不是在进行调查工作，我在日常生活里也时常会遇见这样的碎片。我们既无法对这些碎片进行分析与归纳，也无法擅自给它们附加过多的意义，但它们却有着独特的光芒，赋予我们崭新的思考，又编织出截然不同的故事。

为了进行调查，我曾前往一处古老的团地[1]，对一位在那里生活的年逾古稀的男性进行采访。他原本是一位音乐家，曾在关西地区一带的歌舞厅进行巡回演出。那时的他就在演唱着昭和时代流行音乐的明星身后负责伴奏，直到天明。早在二十年之前，我也曾在大阪的俱乐部和小型演出场馆（live house）里演奏爵士乐，于是我勉强从中找到了些熟知的店铺和友人，让采访顺畅进行下去。

这位男性在音乐家的工作告一段落之后，借由所积累的人脉，积极地进行着各种各样的交易买卖。

接着，在某一天，他突然就失踪了。

几年后，当他回到妻子身边的时候，突然变成了一位富豪。他说自己在东京做"房屋中介"。也不知道是不是真的。在那之后，他又成了新兴宗教的"教祖"，然后又发生了许多的事情，

---

[1] 团地即集合住宅区，是日本在 20 世纪 60 年代经济高速发展时期为了缓解住房紧张问题而新建的大规模高层住宅群。

最终他失去了所有的财产。现在他和妻子两个人，在位于关西的某个角落里的窄小又古老的团地里安静地生活着。

在采访结束的时候，这位男性突然站起来，然后用力拉开了房间内部的隔扇。二十几件漂亮的貂皮大衣整整齐齐地摆在那里。然后他对着与我同行的妻子这样说道："小姐，我送你一件，你随便挑件喜欢的吧。"

当然，我们郑重地回绝了。

即便如此，我还是忍不住感叹：这就是人生啊。当然，这是在与偏见和贫穷抗争的过程中，拼命挑选出来的人生，任何人都不能轻易地对其做出好还是不好的评价。而他所讲述的个人生活史的内容我始终记忆犹新。尽管最后我并没有将它们用在任何一篇论文或是报告之中。

丸山里美所著的《作为女流浪者生活——贫困与排挤的社会学》应该是唯一一本在日本出版的有关女性流浪者的社会学著作。丸山不仅多次前往为女性流浪者提供援助的场所，还会亲自去她们所居住的公园里，偶尔还会和她们同吃同睡，从而听取了大量的生活史。

其中有原本过着安定生活的家庭主妇选择离家流浪，也有人曾创业成功成为公司的董事长。同时，她们之中也有一部分人出生于极度贫困的家庭，被剥夺了接受教育的机会，一直生活在社会的最底层。也有一部分人有着身体或者精神方面的疾病，或是智力上的缺陷。

其中某位女性，她原本过着很贫穷的生活，之后与一位男性结了婚，还养育着男人带过来的孩子。在丈夫入狱之后，她开始对"抚养别人的孩子"这件事感到困惑。于是，在某一天她选择离家出走，在换了几次工作之后，现在在公园里当流浪者。

这让我感受到了我与她们的人生之间的联系是如此的脆弱。不能去评判它是好是坏。这就是我们的生活。

在我做临时讲师勉强维持生计时，遇见了一位女学生。她是一个非常有亲和力的孩子，也经常来到我和妻子两个人居住的家中做客。

她没有父母，但她的父母并非已经离世，而是在她很小的时候就分开了，然后分别与其他人结婚生子，各自组建了新的家庭。被抛弃的包括她在内的五个孩子只能靠自己生存下去。当时，年龄最大的姐姐已经上了高中，就这样成为大家的母亲。全家人轮流打工做家务，照顾着尚且年幼的弟弟和妹妹。他们偶尔会亲自下厨，偶尔会在外面买些吃的回来，离开了家的母亲就住在附近，偶尔也会给他们带来一些小菜。就这样，他们每天都在拼了命地讨生活。

离家出走的父亲是个老顽固，遇到有困难的人总是没法放任不管。"我们家，曾经有一段时间，住进了一位谁也不认识的老太太"，那位女学生这样说道。在他自己离开之后，她的父亲曾经擅自做主，让一位无家可归的老太太住进了只有五个孩子的家中。早上起来孩子们发现身边睡着一个不认识的老太太，年幼的妹妹和弟弟害怕地哭喊了起来。不过在这之后，他们也渐渐习惯了这样的情况。她又说道："结果到最后，那位老太太的葬礼还是在我们家办的。"此外，这些孩子们甚至还单独抚养过不知道是谁家的婴儿。

除了这些，我还听她讲了许许多多的故事。我问她："你的故事很有趣。有机会能让我把它们写进书里吗？"她回了我一句："完全没问题，写吧写吧。"

我已经有好多年没有见过她了。偶尔回想起来，想知道她近况如何，却又会马上对自己说，她应该会过得很好吧，于是便不再去主动联络。不过，我手机里一直保留着她的联络方式，这是我无论如何都不会删除的。

最后一次见到她是在八九年前的跨年夜，她突然打来一通电话，问现在能不能来我家。我说可以，她马上就捧着一大束鲜花出现在我家的玄关。在我震惊之余，她毫不客气地进入我家中，然后用满是泥泞的双手将鲜花插进了摆在一旁的花瓶里。在我家的餐桌完全被花海淹没后，她留下一句"对不起打扰了，祝你新年快乐"之后，就转身离去。她说，这是自己年末在卖花的摊位打工时卖剩的鲜花。

因为工作关系我经常去那霸市出差。前不久，我在那霸市待了两个星期，其中某天夜晚，我沿着国道五八号线散步，从县政府附近走到了接近浦添市的位置。在回去的途中，我从正面经过了位于泊码头的一间大型度假酒店。

在一片漆黑的高大墙壁上，整齐地排列着一扇扇窗户。窗户正对着电梯间，各个楼层的电梯门透过纵向排列着的窗户，看上去是如此的渺小。行走中的我与这些窗户隔着数百米的距离。

我在走路的时候下意识地盯着那些窗户看，接着就看见在大概七八层的位置，电梯正好停在了窗户面前。电梯门打开之后，我瞥见了走进电梯的某个人的后脑勺，电梯门马上就关上了，与此同时我也从酒店面前走了过去。

一切就发生在短短几秒的时间里。

这仅仅是我在无意间瞥见的一个瞬间的光景，可就是这么微不足道的事情，却让那时的我觉得，自己仿佛是和这个素昧平生的人一起搭乘了电梯。我并没有看到他的脸，也不知道他的姓名、性别、年龄，对于他造访冲绳的理由和乘坐电梯的原因都一无所知。仅仅是一个陌生人碰巧走进了位于某间酒店某一层楼的电梯，而在夜晚的街边散步的我又碰巧目睹了这一个瞬间。

这件事，只有我一个人知道。

前文里也曾提到过，在升上小学之前的那个时期的我有一个奇妙的癖好，我会随手捡起掉落在路边的小石头，然后久久地凝视着这一颗偶然被我捡起来的石头。其中吸引我的部分，是无数的小石头里的一颗正好成为"这颗石头"的这一个不可思议的瞬间。

我从未对这些事物投入自己的情感。

我不曾为之命名，也不会对它进行拟人化，不会将它当作自己的孤独的投影，更不会想象着小石头与自己在进行一场秘密的交谈。在路边随意捡起散落在地上的不计其数的小石头其中的一颗，然后把它放在掌心，将脸凑过去，集中注意力一直盯着看的话，渐渐地，那颗没有任何特别之处的小石头的形状、颜色、光泽、表面的花纹和伤痕都会清晰地浮现在你的眼前。在这一个瞬间，这颗小石头就变成了与其他所有的石头都不同的，世界上独一无二的"这颗石头"。而就在这一刻，你会清楚地知道这颗石头和世界上所有的石头都不一样。

这件事让我十分沉醉。

当我更进一步地去想象，就会发现这世界上所有的小石头都是有着不同的形状、颜色、光泽、花纹和伤痕的"这颗石头"，我拼命地去想象着这远远地超越了我的想象的"庞大"。在不进行任何的感情移入和拟人化的情况下，所有的事物都成为了"这一个"，这是多么单纯的无关紧要。而作为其中的一个个体，又是多么的无足轻重。

这并不是像"就算是一眼看上去没有什么意义的事物，只要被人拿在手上就会成为无可取代的特别存在"的这样一种老套的"人生感悟"。

被我放在掌心的这颗小石头，是无可取代的，在这个世界上独一无二的存在。

　　而对于这个世界来说，有着不计其数的独一无二的存在，它们就那样流浪在世界街角。

无人隐瞒，
却也无人看见

没有任何人在刻意隐瞒这些故事。它们始终存在于我们眼前，随时可以触碰，但我们仍对其视若无睹。

这些彻底的世俗与孤独、庞杂而碎片般的文字之所以美妙，就是因为它们本身代表着鲜活生命中的「无意义」。

多年前，我准备对某位曾经从事"特殊职业"的女性进行采访，地点选择在附近的一间歌厅。可就在这时，她却突然开口问道，"老师，要不要去酒店（做采访）"？就这样，我们一起前往位于大阪市南区的一间酒店。这时的她已经辞去原先的工作，结了婚并已经有了身孕，即将进入临产月。就算是从远处看，她腹部的隆起依旧十分明显。

我们从酒店的自助柜台[1]订好房间，正准备进去的时候，工作人员突然冲过来对我们盘问了许久。想必是因为她临近生产，从监控摄像头里看来也相当明显。

她的丈夫是她以前工作时的"上司"，是暴力团伙的成员。因为进行采访的场所十分特殊，所以在采访的过程中我一直在拼命祈祷，希望她不要在这个时候出什么事，要是被她丈夫知

---

[1] 日本的情人酒店为了使客人能够安心入住，大多都设立了无人前台，顾客可以通过机器完成从订房到付款的一系列流程，不用接触任何的工作人员。

道我和她一起待在这种地方的话，我一定会被"杀"掉的。

我经历过许多像这样碎片式的小插曲。虽然它们没法被写进论文、报告或是书籍里面，却不知为何令我记忆犹新。至于采访的内容本身，包括一些没法公开谈论的话题都十分有趣。我深刻地体会到，人这种生物，就算只想普通地活着，也必定历经千辛万苦。无论是什么样的人，在其内心都隐藏着许多故事，仅仅是接触到蕴藏在其中的平凡和普通，或者说是"毫无意义"，都会让我觉得揪心。走在大阪市梅田区的闹市区，与我擦肩而过的数量庞大的人群，他们每个人都在创造着"无关紧要而又普通的"故事。像这些平时不曾被他人瞥见的人生故事，会在采访的过程中一一浮现。同时，就连在采访的过程中也时常会有意想不到的新故事诞生。

而事实上，没有任何人在刻意隐瞒这些故事。它们始终存在于我们眼前，随时可以触碰，但我们仍对其视若无睹。

再来讲述一个虚构的故事。

有一对年轻的夫妻，他们安静地生活着。某一天，丈夫突然邀请妻子出去旅行。于是他调整工作日程请了假，开始了他们自蜜月旅行之后的第一次双人旅行。两个人选择了一个位于郊区、人烟稀少的温泉度假村，他们打算在那边待上一个星期。妻子一开始只觉得这样的旅行是在浪费钱，可当她开始在网上搜寻旅馆和温泉的信息之后，也渐渐对这次旅行有了期待。

在出门之前，爱操心的妻子开始认真思考要如何防止被闯空门。她搜索了许多种类的防盗用品，网上给出的方法不外乎开着家里的灯，或是给窗户多配一把防盗锁，她总觉得这些方法不够管用。

于是妻子瞒着丈夫，将两人平时生活所产生的声音录了下来。其中包括在早晨或是傍晚，两个人同时在家时的脚步声、生活杂音、电话铃声、送快递的声音、附近小学进行运动会练习时的声音、中学生放学回家时经过窗户旁边的吵闹声，以及市内垃圾收集车的声音。此外，还有两个人之间无关痛痒的对话。这些琐碎的对话主题有关于在老家的母亲寄来的东西、邻居家丈夫的近况、街边新开的咖啡馆养的狗、最近为什么没有在桌上放一束花做装饰、是不是该给家里换一台新的微波炉……诸如此类。

在即将出门旅行的时候，妻子将这份录音文件拷贝至电脑，然后将其设定成无限循环播放模式，让这些声音通过音响连续不断地播放。同时，她也让房间里的灯一直亮着，在这一个星期的时间里，将家中伪装成一副有人在家的模样。

然而，两个人在旅行的途中遇难身亡。在车子坠落的那一个瞬间，两个人才明白，他们再也回不到之前的日常生活，他们将被死亡永远囚禁在遇难的瞬间，再也无法回到那间安静的小房子里，去过他们那平凡而朴实的生活了。

当遇难车辆坠入山谷底部，在那一瞬甚至没有人意识到这场事故如何发生；在遇难车辆被发现之后，遇难者的身份也迟迟没能被查明。在这之后的一段时间里，在警察和房屋管理公司的职员进入这对夫妻的房间进行遇难者身份调查之前，这个无人居住的房子就这样一直保持着亮灯，屋内不停传出夫妻俩的声音，这对夫妻生前的对话循环播放着。

在这间没有任何人居住的屋子里，循环往复地播放着独属这对夫妻的、安稳而又恬静的生活。直到外界确认遇难者身份之后，警察和相关人员踏足这间房屋听到两人的声音，才发现原来那些早已被死亡剥离的平淡日常，竟被这样一种意想不到的方式保留了下来。

某些看似已经彻底消失的事物，其实会以另外一种形式继续存在着。

这可以被称为浪漫主义，抑或是怀旧主义。遇难夫妻将这些生活中的声音作为遗物，留在这人世间。在他们活着的时候，这些声音对于其他人，可以说是毫无价值、习以为常、平淡至极的事物，可一旦他们离去，这些融入日常生活的无关痛痒的对话就变成了无可取代的遗物。就像是一枚被人戴在手上，没有任何特征的戒指，当物主离世，再平凡朴素的戒指也被赋予了重要的意义。这对遇难者夫妻之间平淡无奇的对话也是如此，当我们意识到物主再也无法回来，这些留下的事物才具有特别的意义。

生活中无意义而平庸的存在，以一场无法挽回的悲剧为契机，从而具有其唯一性，这便是"丧失"的意义。

或许，我们还能继续假设这些平庸的事物依旧保持存在的话，其自身会如何？假设遇难夫妻顺利结束温泉旅行平安归家，那么情况又会如何？

结束了一场久违的旅行之后，两个人平安无事地回到公寓，打开门，进入屋内。紧接着，两个人听到从音响里传出来的两人之间的对话，或许会相视一笑，或许会感谢这份录音成功起到了防盗的作用。接着，妻子按下停止播放的按键，这份录音便将不再存在。在这个时刻，这份录音资料原本具有的无可取代的意义，对任何人来说都已不复存在。它作为那平凡生活中的碎片，转瞬即被遗忘。

然而，人生给了他们另一种现实：他们乘坐的车辆从沿着山涧修筑的道路旁坠落。在这个时候，在空无一人的房间里播放着的两个人的对话依旧不会被任何人听见。这对我们来说是一件十分痛心的事情。对比来看，更令人痛心的却是这个什么意外都没有发生的现实。在这个现实里，就算是他们本人都无法知晓，发生在他们之间的这些无关痛痒的对话有着多么无可取代的重要性。不仅如此，就连旁观者也不可能知晓它的这份重要性。在这个故事中，在空无一人的房间里播放着的对话，对于遇难夫妻，对于旁观者来说都毫无意义，它也就成为双重"无意义"的事物。

然而，更加浪漫的现实大约是连第一种情况都不会发生的。根据前文的描述，我们已经知晓了两个人可能会遭遇意外的

"现实"，于是我们的脑海里浮现出这样的情景：在空无一人的房间里，属于他们的平凡生活的声音在不停地回荡着，即使他们已经永远地失去了这一切。接着，我们开始思考他们没有遇到任何意外，并且顺利回到家中的"另一种现实"。在这个假设之中，他们所经历的一切会随着时间的流动飞速逝去，他们将不会出现在富有浪漫主义的故事里。

那么在此之上，更加浪漫的，或是更贴近怀旧主义的现实是什么呢？毫无疑问，那就是我们根本不认识这两个人的"现实"。这样一来，无论他们是否策划了这场旅行，旅行途中又是否发生过意外，他们能否安然无恙，有没有记录下彼此之间的对话并播放这段录音……所有的这一切，我们都无从得知。

在前文所列举的两个故事世界之中，他们平安无事回到家中的这个世界之所以会变得无可取代，是因为我们事先知道了这两个人会死亡的另一个世界。

这些"无意义"事物中的无可取代来自我们的不曾知晓和无法挽回。这样看来，最无可取代的事物应是我们自始至终就不曾拥有过的，它无法被失去，更无法被隔绝，它无从知晓，也无从回想，更无法令人对它产生任何情感。不论这对遇难夫妻的"遗物"有多么无可取代，在这对夫妻不再存在的那个世界里，不论是旁观者还是当事人都深谙不已。然而，在他们顺利回家的平行时空里，只有旁观者才知道这份"遗物"的无可取代性。

当然，这对夫妻的故事纯属虚构。现实里并没有这样的两个人，也没有人会为了防止闯空门而大费周章，做出这么不自然的行为。因此，我们在这个故事里并没有得到或失去什么。

但在这个世界里，类似的情况也一直存在。

如若我们从一开始就不曾得到，也就无从谈及失去。

有些不会出现在我们眼前的事物，不代表它们不存在。相反，它们正真切地存在于这个世界。这些"不存在"的现实就如同艾瑞克·达菲[1]关于音乐的描述一样，它们消散在空气之中，再也不会出现第二次。然而，更加感性的事实是，就算它们可以再度出现，这些话语却依旧没有任何特别的意义。归根究底，那些所谓最为"浪漫"与"怀旧"的事物，其实原本是完全不具有浪漫主义色彩的、最平淡无奇的日常。你无法预知这些"无意义"的事物在何时会由于某个悲剧的诞生，而变成最无可替代、无法挽回的碎片。如果将这种悲剧主义称作浪漫的话，那其实这些没有悲剧发生的、平淡无奇的日常才更富有浪漫主义色彩。

亨利·达戈[2]的作品十分震撼人心，全世界都为之惊叹。

〔1〕 艾瑞克·达菲（Eric Dolphy, 1928—1964），出生于美国洛杉矶，是一位著名的爵士乐演奏家，其使用古典乐器低音单簧管来演奏爵士乐的表演形式给之后的爵士乐演奏者带来了深刻的影响。
〔2〕 亨利·达戈（1892—1973），出生于美国芝加哥，是一名艺术家。生前默默无闻地从事着普通的工作，他所创作的大量绘画以及小说作品是在其死后，经由他的房东才得以被世人知晓。

这不仅仅是因为他的作品以性别错乱和揭露虐童为主题，也有一部分原因是在他离世之前，谁都没有发现他留下的这些画作。

因为我们差一点就要永远地失去这一切。

然而，由于一些令人难以置信的巧合的重叠，这些画作被偶然保留下来呈现在我们的眼前，也让达戈成为艺术界众所周知的名字。

在无人之处倒下的树木会发出什么样的声音呢？这个答案就藏在达戈的作品里。

那是他所留下的接近一万五千多页的手稿中，发生在"不真实的国度"里的故事，也是他所留下的大量名为薇薇安的少女们[1]的奇妙画作。

然而，在脱离达戈本人以及其生平的情况下，去评判他的作品是非常困难的。这些作品由他这样"特殊的"小人物所创作，导致我们差一点就要与这些传奇作品失之交臂。达戈本人就构成了他的作品的一部分价值。假如达戈活在当今世界，并且通过网络发布自己的画作，那么他的作品怕是不会有现在这样的价值。他的作品具有遗世独立的特质，才令其变得昂贵了起来。达戈在创作中融合了他一生的"孤独"，导致我们对其作品的"衍生评价"是透过原生艺术这个滤镜所进行的。假设发

---

〔1〕 是达戈生前留下的长达15145页的小说手稿，讲述了七个名为薇薇安的少女在将军的带领下拯救被拐卖的儿童奴隶的故事。

表这些作品的，仅是一位刚毕业于武藏野美术大学[1]的年轻人，当我们对其进行"原始评价"，也就是将它与普通的美术作品进行比较的时候，怕是不会给出很高的艺术评价。诚然，薇薇安少女们本身确实具有一定的艺术魅力，但不会被神化到如此地步。

这个世界，恐怕还有着不计其数的"达戈"存在着，而他们与达戈本人不同的是，那些"达戈"们手中的或许能够撼动人心的作品，还没来得及被世界发现就消失了。或许另一位"达戈"此刻就存在于我所居住的街区，或许他就在你的身边，又或许我们早已失去了他。关于达戈的存在，最扣人心弦的部分并不在于达戈这个人本身，而是这世上一直都存在着另一些"达戈"的事实。

不过，更加扣人心弦的还是达戈这个人从一开始就有着"不存在的可能性"。在这个达戈的作品广为流传的世界里，达戈本人并不知道自己的努力会得到回报，只有我们这些后继人知晓。可以预想到，在达戈的作品不为人知的平行世界里，并不存在一个才华被世界认可的达戈，所以这个不曾得到回报的"达戈"是肯定"存在"的。然而，若是在一个连"达戈"都不存在的平行世界里，这些"达戈"的努力是否得到了应有的

---

[1] 武藏野美术大学是日本学科领域分类最多、教育规模最大的美术专门高等学府，共有包含美术和设计在内的 11 个学科，在国际上也具有较大的知名度和影响力。

回报，任何人都无从知晓。如果说这种"不可知"是浪漫主义或怀旧主义的内核，那么其中更加浪漫、更加令人怀念的元素，不仅是创造了薇薇安少女们的达戈本人的存在"不可知"，还包括达戈能否被世人看见的"不可知"。

如此说来，在我们的眼里，住在我们附近的公寓里的那位不知是否存在的"达戈"也可能仅是一位普普通通的老人家，而他的房间里大概也不存在轰动世界的艺术品。

也就是说，这整件事的发生都非常具有"故事性"。

这个故事的前提是存在着一件"在失去之后才被发现的事物"。紧接着，我们才会开始思考，会不会存在"某个事物在失去之后没能被发现"的假设。然后，我们会开始想象"这个事物从一开始就不存在，因此我们甚至不曾失去"的这样一种情形。最后，还剩下另外一种可能性，也就是"某个事物从一开始就存在着，也并没有失去，只是不曾触及任何人的视线"而已。

不管是"在失去之后才被发现的事物"，还是"某个事物在失去之后没能被发现"，或是"这个事物从一开始就不存在，因此我们甚至不曾失去"，我认为它们都可以被归纳进常规"故事性"的范畴里。那么，那些存在于众人的目光所及之处，却不曾受到注视的事物能否成为我们的"故事"呢？

我有着严重的网络依赖症，每天都会花上好几个小时坐在电脑面前浏览网页，去阅读普通人所写的手机博客或网络日记。这些博客和日记里记录的一个个故事，正是那些无人隐瞒，却也无人看见的事物。

我读到一个博客，博主是一位生活在九州某县，不到四十岁的女性。她在博客里详细地记录着自己数年来被恋人家暴的情形。这段内容吸引了我的注意。

她写道，某天，在驾车兜风的途中恋人突然发起了脾气，然后直接把她一个人扔在漆黑一片的深山路旁，她只能徒步走回家。三个小时后，她刚走进家门，发现这个男人像往常一样看着电视，接着又像是什么都没有发生过一样命令她去做饭。

她的博客断断续续地记录着在长达七年的时间里，一位爱施暴的男人与依恋他的女子之间的那些壮烈却又随处可见的日常。然而在这之后，她和这个男人分手了。在分手后，她依旧记录着自己平淡的日常。

再说说另外一个博客，它来自一位居住在日本关东地区北部的四十多岁的女子。她住的房子里堆满了垃圾，也就是所谓的"垃圾房"，不过她本人似乎并不在意这一点。她是一位单身妈妈，有两个女儿。二十多岁的大女儿也是一位单身妈妈，有个年仅两岁的儿子。小女儿则是个"家里蹲"。她们的经济状况非常糟糕，当这位母亲感到压力巨大的时候，就会把身上所有的钱都拿去玩"柏青哥"[1]。玩罢她才带着满心悔意走进家门，然后开始大骂两个女儿泄愤。不过她对自己两岁的孙子倒是非常溺爱，还会经常给他拍照。在她的博客里放着这样一张照片：在满是垃圾的房间里，一张小小的桌子上放着咖喱饭，画面里还有一个全裸的小男孩。这张照片一直留在我的记忆里。

比起艺人或是名人的博客，我更喜欢浏览这些普通人的生活记录。只不过，这些文章使用的大多都是口头用语，这样的文章阅读起来比较吃力，因为它们中间夹杂着大量的表情符号和表情包，也有许多毫无意义的换行，有些博客的版面设计也有着恶劣的审美。

刚才我所列举的两个实例，都有一定的故事性。然而，那些并非用电脑，而是用手机记录的博客和日记，其内容都十分零碎，根本无法进行阅读。

在其中，某个手机博客网站上，充斥着特殊行业的女性所写下的文字，其中大部分记录着这个群体沉迷于"俱乐部"的故事，也有一些耐人寻味的内容（我还在这个网站学会了许多独特的用语）。这些零碎的文字从一开始就没打算要给旁人看，所以很多的内容都是断断续续的，让人无法解读。即便如此，

---

[1] 日语原文为"パチンコ"，"柏青哥"为音译，是一种在日本很流行的赌博弹珠游戏机。玩法是把小钢珠弹射到盘面里，钢珠在下落过程中会不断碰撞盘面中的障碍物，移动轨迹也会因此发生改变，如果小钢珠最后能够落入指定的位置，就能够获得奖励。

我也从这些碎片的文字之中了解到，这一行有许多沉迷于"俱乐部"的女性，并且在"俱乐部"的人身上挥霍着自己的辛苦所得，而在如今的世道，这也并不是什么稀奇的事情。我可以从中窥探到她们所经历的这样一种人生。

而比这些更加零散的人生的碎片故事满地皆是，我们随时都有机会触碰到它们。

有的博客每月只更新一次，仅短短写下"离婚之后我长胖了，只能去买那些很便宜的衣服了"这样的一句话。也有的在注册了账号之后，只写下"麦当劳的得克萨斯汉堡真是不得了"这样一句话，就放置了三年不再更新。

这些内容就这样摆在那里，任何人都有机会打开他们的博客网址，可是我们却没法从这些零碎的人生片段中读取任何有效信息。

这才是生活的常态。世上时常都在发生着这些"无意义"的事情，它们往往就在我们的眼前，随时可以被触碰。这些碎片深深吸引着我。虽然要阅读这种碎片式的文字非常痛苦，但蕴含在其中的"伟大"更令我折服。

我将这些琐碎且庞大的内容称作"民众文学"，当然，我并不是想说这才是真正的大众文化艺术，也无意称赞它们。有钱人有他们自己可以寻欢作乐的艺术，这些民众文学并不足以颠覆他们的世界。然而，普罗大众笔下这些零碎的，充斥着表情符号和表情包的文字片段，才是鲜活的人生。

正是因此，我才会觉得这些"无人隐瞒，却也无人看见"的故事很美。这些世俗与孤独、庞杂而碎片的文字之所以美妙，就是因为它们本身代表着鲜活生命中的"无意义"。

泥偶与盆栽

对于那些老夫人们而言，盆栽就像是火锅，或者货币，也是她们的语言工具。

　　当我看到街边行道树的根部长出芦荟的时候，就会想到，原来这里也有"都市农园"啊！

　　"都市农园"是我脑海中的一个概念，它所指代的是那些在都市的角落里寂静地成长着的植物，包括在行道树根部长势喜人的芦荟，以及种在街边角落小公园里的苦瓜，还有摆在小小的文化住宅[1]和大杂院的玄关门外的那些几乎快要撑破花盆的金木犀。

　　这些植物基本上都是住在附近的老太太们擅自种下的。特别是当我在公园和铁路两侧，以及行道树的树丛等这样一些公共场所看到盛开着的芝樱和珍珠绣线菊的时候，会忍不住想，人类这种生物，就是会忍不住去栽培一些袖珍可爱的小玩意儿。

---

〔1〕　文化住宅是指日本在经济高速成长的时期建造于近畿地区的集合住宅，主要构造是木质的两层公寓。在大阪市，人们也会省略后两个字，称之为"文化"。

在大阪，这样的情况特别多见，虽然我认为这种情况应该不只出现在大阪。

只要有一片空着的地面，人们就会想要种上点什么。

比如，她在狭小的窗户边支起一个小花架种植苦瓜。当我看到那些苦瓜紧紧地挤压在一起，只能被迫横向生长，总觉得它们有些惹人怜爱。

放在门口的那些小盆栽似乎还会不时地被人偷走。我在散步的时候偶尔会发现一些人家门口贴着"请不要偷花"这样的手写字条，不禁心想，这些小东西到底有谁会偷啊，想必也是一些喜欢植物的人吧！

以前，我所居住的公寓隔壁住着一位独居的老夫人，若是偶然碰见，就会被她拉着聊上许久。因此，我出门的时候会尽量避开她。即便如此，我们依旧是关系很好的邻居。某一天，这位老夫人带给我一盆小小的盆栽，我早已忘记了是什么种类。在我心怀感激地收下后的第二天，她又端了一盆过来。后来，第三天也一样。到了第四天，我还是拒绝了她，结果次日她便擅自把盆栽放在我家门口。我略有些生气，言语间表现出了一丝责备。她十分悲伤，但最终还是将那一小盆植物放在我家门口。或许只是因为我家门口空荡荡的，没有放任何的东西，她不习惯看到有空出来的地方。也就是说，她一旦看见有空出来的位置，就会忍不住想要用一些可爱的小东西将它填满。

然而，这位老夫人因为要和儿子一起住，在不久前便搬走了。

"老年人独自生活确实让儿子很担心，可是一个人住比较轻松，我觉得挺好的"，她这样向我埋怨道。后来我从别人口中听说，她之所以会一个人在这里生活，是因为这里是她从小长大的地方。搬家那天她的儿子和儿媳也来打了个招呼，我也顺便帮他们搬运了一些行李。

老夫人擅自留在我这里的盆栽在我的照顾下姑且尚未枯萎，还在好好地生长着。

当我以为以后都不会再见到那位老夫人的时候，没想到刚过了两周，就在家附近遇到了她。这里是她从小长大的地方，她的朋友和熟人也大多在这周围，而她的新住址就在大阪市内，离这里也很近，所以在那之后我们也偶尔会见上一面。

所幸，这并不是一个别离的故事。

我有一位很重要的朋友，她是一名美术老师。同时她自己也会创作艺术作品，那是一些有着巨型乳房的小泥偶[1]。在我家的餐桌上也一直放着两个由她制作的泥偶，其中一个是素烧[2]的小泥偶，另一个更小的泥偶则是用树脂制作的。我们平时会在旁边用餐，或是放一些花来做装饰，在不知不觉间，我甚至觉得它们也变成了我的家人。由朋友温暖的手掌所制作的泥偶，就好像真的会呼吸、会活动一般，它们什么也不思考，

---

[1] 人形陶土制品，是日本绳文时代的代表性遗物。
[2] 在施釉之前先烧制陶瓷生坯的一道传统工序。

只是笑吟吟地待在那里。

不过，我并不是在对这些泥偶进行拟人化。它们不过是一团无生命的陶土和树脂，它们不会说话，也没有意识。然而，这些没有语言能力和意识的陶土块就存活于这张餐桌之上。我们觉得它惹人怜爱，就代表它是活着的。没有意识，也没有生命的素烧陶土，就在这张餐桌上微笑着。并不是它看上去似乎在笑着，而是它真的在笑。它一边看着我们吃饭，一边笑着。

这位泥偶老师不会在作品上费尽心思，这一点我很喜欢。

她不会去追求创新，或者说从未有过的设计，只是日复一日地制作着在他人眼中并无任何差别的泥偶。在旁人看来，就像是这些长得一模一样的泥偶在不断增殖，然后它们被购买、被赠予，从此分散到不同的家庭里，在新的环境里静静地笑着。

这位泥偶老师不仅仅是一位优秀的创作者，同时也是一位能力突出的美术教师，她经常在自己的社交软件上晒出学生们的作品，我们每次都很期待她更新学生们的作品。因为这些作品很特别，并不是那种随处可见的绘画和雕刻，样式往往超乎想象并且荒谬绝伦，有的看起来很愚蠢，有的很帅气，有的又很可爱。我认为能够创造出如此自由的作品的学生们自然是很了不起的，不过，能够让孩子们尽情自由创作的老师更了不起。看得出她是真的很爱这群孩子。

话说回来，大部分男性都不太会照顾或者培育这些幼小的东西。他们不仅做不好，甚至还会抱有抵触情绪。我认为这并不是出于男性的本能或是本性，而是他们被成长的环境所影响，是整个社会向他们灌输的价值观改变了他们，将他们变成了这样一种状态。总而言之，我认为我们男性很难无条件地对一项事物保持热爱。譬如，我很喜欢动物，也会偶尔对小猫小狗产生怜爱，却做不到在下班回家的路上去买一束花；而我的妻子全然不同，她会摘下庭院里的花朵，将它们插进玻璃花瓶。每当看到花瓶里的小花时，我都会惊叹这些可爱的小花是如此惹人怜爱，可我本人还是很难做出和妻子同样的事情。

但是，事实却告诉我确实如此。在某年，参加我的学术研讨课的学生以"孤独死"[1]作为研究主题时，我们去往几处古老的自治会进行田野调查。在这个过程中，有一件事让我印象十分深刻。社区为了减少老人们在团地里"孤独死"的风险，试图通过各种各样的手段来增强老人之间的联系，包括开设社区咖啡厅等。然而，近乎所有的男性都不会来参加这类活动。反之，独自居住的高龄女性却很快就能结交到朋友，然后结伴前往社区咖啡厅，在快乐的气氛中聊得热火朝天。男性则完全不会这样，他们就算硬着头皮来了，也会像是无处可去一般，独自坐在咖啡厅的角落里一言不发，一个劲地低着头。

---

[1] 指独自生活的人在没有任何照顾的情况下，在自己居住的地方因为突发疾病等原因而死亡的现象。该现象多发生在独居的高龄者之中，是社会老龄化的突出表现之一，在日本尤为严重。

事实上，不少数据也显示，会"孤独死"的男性数量远超过了女性。同时，在他们"孤独死"后直到被人发现的时间，男性也比女性要长。他们活着的时候是孤独的，死后也同样的孤独。

在学生们的采访中，我发现了一个很有趣的细节。在女性建立起联系的过程中，她们放置于家门口的植物功不可没。因为她们会通过将自己培植的小三色堇或者牵牛花的盆栽送给彼此，接着对方又会回赠一小盆绿萝。抑或是她们在门口给植物浇水时，会互相称赞一句"真好看"。然后，她们便就着植物的话题快活地聊上好一会儿，譬如比较难以培育的花卉的栽培方法，称赞对方培植出漂亮的绣球花，顺便埋怨自家的花只会长叶子，根本不开花。

"太太（她们之间都会这样称呼彼此），等到花谢了之后，把枝条剪掉会比较好。"

"真的吗？肥料要用什么比较好呢？"

"我家一直用的都是菜籽粕，因为鸡屎的味道太臭了。"

"我家养了猫，跟它相比鸡屎什么的一点也不臭。"

"猫咪很可爱。我家也想养猫，可是我的孙子会过敏。"

"太太，我听说针灸可以治疗过敏。"

……

就像这样，她们的对话马上就会偏离主题，然后持续不断地进行下去。

然而，大部分男性做不到这一点，从事实上看我们（男性）除了工作时间之外很难和他人建立联系，也很难同他人进行一些与工作无关的对话。我认为自己还算是朋友较多的那一类人，可我还是很难做到和路过的陌生人笑着面对面，聊些像是天气之类的家常话题。

　　其实无论男女，大家要是都能像大阪的老夫人们那样，不管是在电车上、路边、商店，还是学校里都能轻松地与人攀谈，或是随意就将盆栽送给他人就好了。

　　因为我们总是畏惧着某种看不见的事物，并对此感到不安和害怕。

　　当然，我的意思并不是说大阪的老夫人们就不会区别对待不同的人，大阪的地域歧视以及对外国人的歧视也很严重。只是我在心里会暗暗觉得，无论是和路过的陌生人进行关于盆栽的对话，还是她们彼此之间交换盆栽这件事，都有着某种非常重要的意义。

　　主动跟人搭话，这件事本身听上去似乎并不困难，可是人总是很难迈出第一步。实际去尝试一次的话，你会发现其实非常简单。

　　不过，如果可以的话，在对话之中加入点什么可爱的事物，或者是什么美味的食物就更好了。我创造了一个带着几分玩笑意味的理论，叫作"火锅理论"。举个例子，如果你对你的朋友说，"一会儿有话跟你说，请你预留一些时间出来"，对方可能会觉得不安，甚至因此产生戒备心理。可是，换一种说法，问一句"等会儿要不要一起去吃好吃的火锅"？那对方多半会这样回答你："真不错啊，一起去吧。"

如果你想要找人聊天的话，不要直接让对方陪自己说话，而是用别的理由去邀请对方共同做些什么更好。但是话又说回来，人们为什么会围坐在火锅之前？其实目的不过是和对方聊聊天。那么既然如此，我们就只聊聊天不就好了吗？

实际上，人类总是不太擅长在彼此面前毫无保留地袒露自己。

我们不想直视对方的眼睛，也不希望对方直视自己的眼睛。

为了不让我们直视彼此的眼睛，就在面前放上一口小小的火锅，然后一起盯着它看。这样我们只要看着火锅就好，不必再去看对方的眼睛。要是没有这口锅的话，我们别无所选，就只能注视着对方的眼睛了，那么对话就很难再继续进行，只能沉默着一言不发，在沉默中孕育着彼此的胆怯和紧张。

对于那些老夫人们而言，盆栽就是火锅，是交往过程中的"货币"，也是语言。某种意义上，素烧的花盆和素烧的泥偶十分地相似。事实上，只要开始培育植物你就会发现，植物是活着的，它一直微笑着，待在那儿。

那不过只是一盆植物，送走了也不会觉得可惜。因此，再没有比它更适合用来建立与他人之间的联系的道具。它的存在会给家中增添一抹笑意，自然值得拿去送人。同时，又因为它不是什么昂贵的东西，我们便可以毫无顾忌地送出去。

就在几天前，我听说泥偶老师哭了，于是我们一群关系亲密的友人聚在一起，从下午三点开始，在鹤桥[1]尽情地享用着便宜的寿司和日本酒，听她讲述哭泣的缘由。

在泥偶老师工作的学校的正门一侧放置着一个公告栏。那块公告栏上原本登载了一些由学生们创作的优秀短歌和俳句[2]，然而公告栏却在某天突然消失了。

就在同一天，捆成一束一束的细长纸条被整齐地堆叠了起来，放进学校的邮筒，而纸条的内容正是学生们的作品。这些原本完整的纸张被类似美工刀的锋利刀具切割成了细碎的纸条，学生的署名也被用美工刀从正中央竖着切成了两半。也就是说，所有孩子的署名全部被美工刀纵向切割，一分为二。

"虽然是个不重要的细节，但我想那个人应该是用美工刀沿着尺子切割的，因为所有的线条都是笔直的，没有一点点的歪斜。"

就算是在这样的情况下，泥偶老师还是说了很有美术老师作风的话。

今天泥偶老师依旧在制作着泥偶，附近的老夫人们依旧在

---

〔1〕 位于大阪市内，鹤桥地铁站周边地区居住着大量的韩国人和朝鲜人，车站附近的"鹤桥高丽市场"有着大量的韩国食品店，这里同时也被称作日本关西地区规模最大的"韩国街"。
〔2〕 是日本的一种古典短诗，以三句十七音为一首，首句五音，次句七音，末句五音。

交换盆栽的同时聊得热火朝天。住在隔壁的太太送给我的盆栽虽然已经变得乱蓬蓬的，却依旧长势喜人，而那些泥偶依旧安静地在我家的餐桌上微笑着。

在故事之外

说到底，人的自我本就是各种各样的故事的集合。世界上有着不计其数的故事，它们有的轻松有的沉重，有的单纯有的复杂，我们通过对它们进行排列组合，构筑起了独一无二的自我。

　　我曾采访过一些参与过战争的人。

　　在我任教的大学里，我的学生每年都会举办交流会，他们会邀请一些经历过战争的人来做演讲，演讲结束后我们还会举办座谈会。这是一个让大家站上讲台，踊跃地分享各自的想法的机会。学生们邀请我担任座谈会的主持人，我欣然接受。

　　在举办活动当天，会场聚集了大量的老师和学生。

　　我们提前集合，担任工作人员的学生们将我介绍给了诸位演讲者。尽管时间有限，我还是趁着这个机会和其中一位男性演讲者聊了起来。这位年迈的老人身体十分硬朗，看上去精力充沛。在演讲正式开始之前，我们一起坐在休息室里喝茶。即便我们初次见面，他还是给我讲了很多的故事。

　　在第二次世界大战末期，他被派往南太平洋某座小岛，并在岛上与美军交战。他们的部队几乎全军覆没，而他奇迹般地活了下来。

他热切地跟我讲述着战场上的具体情况，就如同他此刻正置身于战场一般。当他讲到关系很好的战友被美军的机枪扫射，然后死在他面前的情景时，这位男性流下了眼泪。他哭得嗓子都哑了，却还是竭尽全力发出声音，一字一句向我讲述着战场上的故事。

演讲正式开始之后，他站在学生面前，把刚才在休息室里和我讲述的内容原模原样地又讲了一遍。在讲到战友牺牲的情景时，他果然和刚才一样再次流下眼泪，然后拼尽力气继续往下说。观众们也深受感染，认真地聆听着他的故事。

就在这时，最前列一位负责维持会场秩序的学生突然向演讲者举起了一块写着"还有 20 分钟"这几个大字的提示板。

——演讲被彻底打断了。

演讲的男子看向那块白板，显得十分惊讶，他用嘶哑的声音小声嘀咕了一句，"已经过去这么久了"。在此之前，他还在竭尽全力，热切地讲述着自己的故事。当演讲被打断之后，他停顿了十秒，二十秒，甚至是更长的时间。观众们静静地等候着，他却始终一言不发，只是有些不知所措地陷入了沉默。

又过了一会儿，他重新调整好自己的状态，像是什么都没有发生过似的，依旧用他那洪亮的嗓音讲述着动人心魄的故事。

在活动结束之后，我只对那位学生说了一句，"在那个时候举起白板可是不行的"。他是一位认真负责的学生，想必是因为在严重超时的情况下演讲还在继续，所以他非常着急，想要提醒演讲者注意一下时间。

只不过，在过去那些年，这位演讲的男子应该在不同地区的学校或者集会上讲述过无数遍相同的内容，也应该早就习惯了当众演讲。因此，类似时间不够，或是在演讲过程中看到有人举起提示板之类的情况，他应该早就习惯了才是。可他却表现得如此惊讶，甚至到了惊慌失措的地步。毕竟在演讲过程中，十秒的停顿可谓非常漫长。

在休息室跟我聊天时，提及战友的牺牲，他的确流了眼泪。而这之后，在正式演讲的过程中，面对着满座的听众，在讲到同一个故事中同一个情景的时候，他再次流下了眼泪。

恐怕这已经是他的日常了。他会在各地举办的这一类活动现场讲述同样的故事，然后在同样的情景里一次又一次地泪流满面。

在演讲的时候，与其说是他在"讲述"着什么，倒不如说他被故事本身"唤醒"，然后变成故事本身，是故事自己在开口说话。

在神户市有一个叫作"人与防灾未来中心"[1]的资料馆，里面主要存放着关于"阪神大地震"[2]的资料，同时也用一些生动的模型重现了发生地震时的街景。

---

〔1〕 日语原名为"人と防灾未来センター"。
〔2〕 又称神户大地震、阪神大震灾，是指 1995 年 1 月 17 日上午发生在日本关西地区规模为里氏 7.3 级的地震灾害。

人们还可以在资料馆听到当地市民进行的演讲。每年我都会带学生参观这里。某一年，我带着学生来参观的时候，演讲的女性讲述了一个邻家小孩在地震中身亡的故事，学生们听到后都流下了眼泪。

那的确是个很残酷的故事，然而我在听故事的时候却忍不住这么想：她将这个残酷的故事反反复复讲给许多人听，这种行为本身就非常痛苦。

演讲结束后，我在向她道谢的同时顺便询问道："你不仅是亲身经历了这场灾难，还要反复向人讲述自己的经历，这不是很痛苦的事情吗？"

那位女性在听到我的问题之后感到非常困惑。恐怕对于她来说，比起顾及自己心中的痛苦悲伤，把这个故事传递给世人才是至关重要的事情。

当我们想要将自己所经历的重大变故告诉其他人的时候，我们就会变成这个故事本身。故事会取代我们，主动开口讲述自己。在这时，我们也许都变成了承载故事的交通工具或容器。

故事本身便富有生命，一旦开口就如同身体被划伤流血。

所以，当那位男性在演讲的过程中突然被打断的时候，那段沉默就是被划伤的故事所发出的无声悲鸣。

或者说，在被沉默支配的那个瞬间，他往返于 1945 年的南太平洋小岛和 2013 年的大学校园之间，完成了一场跨越时空的旅行。

其实这些故事与我们平日里的闲聊并没有太大区别。

帮助我们构筑自我，并成为人生根基的故事并不是只有一个。说到底，人的自我本就是各种各样的故事的集合。世界上有着不计其数的故事，它们有的轻松有的沉重，有的单纯有的复杂，我们通过对它们进行排列组合，构筑起了独一无二的自我。

再进一步地说，我们不仅能通过收集故事构筑自我，还可以利用这些故事去理解世界的本质。就好比当我们去参加酒会的时候，我们会判断这场酒会是否让人感到愉快，也会去辨别酒会上某些人的行为是不是一种性质恶劣的骚扰。

通过收集各种各样的故事和说话技巧，我们创造了独一无二的世界，并对它做出诠释。

我们就像这样，在日常生活中不停地收集着各种各样的故事。不过我们也不是每次都能得偿所愿。故事是有生命的，它会从我们手中溜走，会背叛我们，然后取代我们，并朝着偏离我们的期望的方向对自己进行改造。

我在某个地区的自治会进行走访调查时，曾向一位受访者私下打听了一些事情，那是关于生活在这片地区某间狭小公寓里的一家人的情况。

在这家人当中，年轻的丈夫是暴力团伙的成员，他时常对家人施暴。他的妻子则通过交友网站等途径以个人的名义从事着"特殊职业"。在家接待"客户"的时候，她会将尚且年幼的儿子赶到其他房间。妻子还带来了自己与前夫所生的几个儿子，她的再婚对象对待这些孩子十分粗暴。事情的详细经过我不再赘述。总之，这名男子最后因为这些行为被警方逮捕，关进了监狱。这之后，妻子悄然离去，剩下的孩子们被送往福利院。

就在这个家庭分崩离析之后，住在这间公寓正下方的住户开始向自治会投诉这家人。

他们说，这家人住过的房间里全是垃圾和害虫，导致楼下房间的天花板上出现了黑色污渍，还散发着刺鼻的气味。

我从那个自治会打听到的消息就只有这些。

又过了几个月，当我终于再次见到自治会的工作人员时，他告诉了我在这之后发生的事。

这位年轻的丈夫后来进了监狱，而妻子则人间蒸发，孩子们被送到福利院，这间屋子从此成了空宅，却依旧时常被人投诉。人们总说那间屋子散发着恶臭味，会出现害虫。最后，在房屋中介公司职员的监督下，自治会的人拿着备用钥匙进入了这间公寓。

打开房门后，他们所看到的是一间空荡荡的房间。里面没有摆放着任何家具，十分干净整洁。

或许这一切只不过是楼下住户的错觉。真相无人知晓，也没有发生什么戏剧性的转折，这个故事就这么戛然而止。尽管我没有亲眼看见那个房间，可在对方的描述里出现过的"空荡荡的房间"的形象，却不知为何在我心中留下了深刻的印象。

故事听到一半的时候，我不禁在心中感叹道，这样的悲剧还真是随时都在发生。可即便如此，它依旧让人唏嘘不已。只不过，包括我在内，所有的听众都只会把它当成一个由暴力、贫困、虐待、特殊职业，以及垃圾屋这些关键词所组成的故事，它讲述了一个家庭破裂的过程。此时的我们都会认为这个故事不过如此，没什么特别的。

可是，当我们听到最后的结局，又会不由得产生一种仿佛被故事抛弃的空虚感。这样的感觉萦绕在我们的心间，久久不曾散去。

或许这就是一个普通的故事，我不应该去过分解读其中的"无意义"。这个故事没有焦点，因此不管我怎么努力都没法使它清晰成像。

我们的自我以及世界不仅仅在讲述故事，它们同时也由故事堆砌而成。这些故事会突然被打断，被撕裂，有时故事自身也会出现裂痕，会与别的故事纠缠不清，继而引发矛盾与冲突。

故事就好比是一副"绝对无法摘下的眼镜"，我们无法从其中挣脱出来，也无法摘下它，用肉眼去观察自我与世界最真实的模样。只不过，当故事被打断、撕裂，抑或产生矛盾的时候，我们或许会发现有什么来自故事之外的"事物"在偷偷地窥探着一切。

路边的

卡内基音乐厅〔1〕

「毕竟，我差不多遇到过五百万人。你想想看，等我死了之后，要是有人想起我，想起曾经有过这样一个人，想起我说过的话，那我觉得自己也算是死得其所了。」

〔1〕 也译作『卡耐基音乐厅』，是由美国钢铁大王兼慈善家安德鲁·卡内基于 1891 年建造的，它是纽约的第一座大型音乐厅。

　　我采访了一位在大阪新世界[1]和西成区[2]的路边弹吉他的人。他来到大阪已有六十年，在路边弹了二十年的吉他。

　　——你弹吉他多少年了？

　　——我想想，这算是我的个人爱好。我从十岁就开始玩吉他，明天过完生日我就八十岁了。

　　——你是从什么时候开始在路边弹吉他唱演歌[3]的？

　　——这个嘛，六十岁之后我就不再开出租车了。辞了这份工作后，我在六十岁，也有可能在五十五岁就开始了。

---

〔1〕　位于大阪市浪速区的历史悠久的商业中心，有着大阪的标志性建筑物——通天阁。

〔2〕　大阪市的 24 区之一，被称作日本治安最差的地方，聚集着大量的流浪汉和失业者，与大阪新世界仅隔着一条街道。

〔3〕　是日本特有的一种歌曲形式。它结合了江户时代日本民俗艺人的唱腔风格，与日本各地的民族情调，是日本的古典乐曲与现代流行音乐之间的过渡形式。

那个时候我一个月工作十三天，休假的时候还很有精神，我就会去路边弹吉他。不过是弹着玩儿的。然后啊，附近的工人就会凑过来，五六个人一起坐在我旁边听我弹琴。一天下来，我基本能赚到七八千日元。

然后我就会对他们说："喂，你们快去吃饭吧，拿着这些钱去买点酒喝吧，我要回去啦。"

他们便会对我说："那后天也麻烦你了。"

当时我弹吉他的那条街下面正好就有一个派出所，结果警察就来和我说："抱歉啊老师，你不能在这里弹吉他。"

这话惹怒了那些工人，他们埋怨道："你这是不让我们吃饭了吗？"

这都是以前发生的事情了。

我想着既然起了争执，我还是不要继续在这里弹了。嗯，那之后，我就去了阿倍野区[1]。那之后我就一直在阿倍野区弹吉他。大概是从六十岁开始，到七十五岁。我差不多在那边弹了十五年。

那个时候遇到的客人偶尔也会来到这里，遇到我的时候他们会说"大叔你还在弹啊"，还会问我记不记得他们，我就说，"我都忘记啦"。

---

〔1〕 大阪市的 24 区之一，为大阪市南部最主要的商业区。

——那你到这里（大阪新世界）已经五年了？

——只有三年左右。因为阿倍野区这几年一直在施工，我就没法在那边弹了。

——包括还在开出租车的那些年，你一直都在弹吉他吗？

——对，我一直都把它放在车上。就在后面，一直都放在那儿。休息的时候我就会练习一下。

有的时候我也会跑长途，把客人从大阪送到京都。到了京都之后，他会对我说："大叔，你到楼上来弹会吉他吧。"

"你这家伙，我还在工作啊！我还在工作啊！"

"我会付你返程的车费啦。"

像这样的事情经常发生。

我还在阿倍野区弹吉他的时候，遇到了一位很懂吉他的人，他问我："老师你怎么在用这样的吉他啊？你跟我去一趟难波[1]吧。"我和他一起去了难波，接着他就说要去逛乐器店，我也跟着去了。在店里，他问我："大叔，你觉得哪个好？你喜欢哪把尽管说。"

我心里想着，就算说了又能怎样呢？

他接着又说："这里有马丁吉他和吉普森吉他[2]，还有很

---

〔1〕 大阪市最具有代表性的商业购物中心，横跨了大阪市中央区和浪速区两个区域。

〔2〕 两者均为美国的知名乐器品牌。

多别的好吉他。"

我刚随口答了一句:"这把吉普森吉他,或者这把马丁吉也很不错。"

他马上接过我的话,说:"哦,那就这个吧。"

四十二万日元的吉他,他居然直接用现金买下来,然后送给了我!我没有在说谎哦,那把吉他现在还在,它被我放在家里了。

那在之后,他又找到我,给了我两万日元。他说他在难波开了一间小酒馆,想请我过去帮帮他,我也就跟着去了。

——你会遇到很多不同的人吧?

——是啊。所以做这件事很有趣。会遇到各种各样的人,当然也包括一些奇奇怪怪的人。

——有没有遇到麻烦?

——倒是偶尔会遇到一些很难缠的醉汉。

——你从来都没有正式学过吉他吗?

——没有!不过我偶尔会想,像我这样一直在路边弹吉他的话,说不定会偶遇什么吉他高手,毕竟不懂的地方还是应该多学习的。我也去过大阪的五六家琴行,结果琴行的老师都说:"你虽然没有受过专业训练,却弹得很优雅,你就这样保持自己的风格吧。"

"原来是这样啊，谢谢你的夸奖"，我这样应了一句，之后便离开了。

他们的肯定也让我有了自信。看吧，就连老师都这么说了，那一刻我觉得自己仿佛是全日本最会弹吉他的人。

我开出租车的时候是开一天休一天，因此我从不喝酒，不论是啤酒还是烧酒。可是为了学新歌，我还是会去酒馆，每天都去！

可是在酒馆里喝茶也不太合适，于是我买了一瓶价值一万二千日元的威士忌。每次我只会让店员往我的酒杯里倒一小口威士忌（真的就是一点点），然后再倒入满满一杯的可乐。他们管这叫威士忌可乐。意外地很好喝哦！还是稍微有一些威士忌的味道。

我就在那儿一边喝酒，一边听酒馆里的人都在唱些什么歌。

然后啊，有一位以前在这一带做街头艺人的家伙跑来找我，说要跟我拜师学艺。在那之后，又有不少街头艺人跑来找我。那家伙以前也在阿倍野区的街头弹琴唱歌，现在他去了大阪城那边，他的本事都是跟我学的。

到现在为止，我差不多已经收了十六个徒弟。有个弟子回到了自己的家乡九州岛，然后在九州的车站弹吉他。

我就这样一直弹着，不过啊，我基本也是抱着玩乐的心态。所以说我现在岁数大了，就觉得自己是时候停下来了。

不过，这还真是不错的人生啊。毕竟我基本上一直都在玩。娶了老婆，有了孩子，孩子三岁的时候她又怀了第二胎，接着是第三胎。伤脑筋的是有了孩子花钱的地方太多了。

——你没想过要靠弹吉他赚钱养活自己吗？

——没有！于我而言，弹吉他就是在玩儿，现在的我也是在玩儿，我才不会想要靠这个赚钱。不过那些来向我拜师的人，他们倒是想要靠弹吉他来维持生计。

这么算下来，到现在我也弹了二十年了，我就是死了也算"功德圆满"吧。毕竟，我的一生中差不多遇到过五百万人。你想想看，等我死了之后，要是有人想起我，想起曾经有过这样一个人，想起我说过的话，那我觉得自己也算死得其所了。

——大家肯定都会记得大叔。经过这里的时候也会想起你。

——所以我才会这么想。

——还早啊，你还可以再弹个二十年吧。

——不，那可不行，最多再弹五年。我已经老了。我家以前是种田的，我能扛起一袋六十公斤的大米，腿脚也很利索。我家里人都很长寿。我母亲活到了一百零五岁，我父亲也活到了九十五，我也想要活到九十五岁。不过哪天要是闭眼了，一切就都结束了。

——您夫人几岁了？

——她和我同龄，还精神得很。她还对我说："孩子他爸，你坐在那儿的样子真是太难看了。"她是绝对不会来看我表演的。她会装作不认识我。她每个月至少会经过这里一次，然后装作不认识我。不过她还是会对我说："你想做什么就做什么吧，反正都这把岁数了。"

其实我也有想过租个店铺，做成歌舞厅兼咖啡馆，又或者是那种有现场乐器演奏的餐厅之类的。开一间那样的餐厅真不错啊，不过我也就只是想想而已。毕竟开了店的话，客人基本也就固定下来了，他们全都会变成我认识的人。且不说赚不到钱，我都没法扩宽自己的人际圈了。

像这样在街头表演的话，会遇到各种各样的人。我也希望自己被很多人知道啊。我这个人就是有点爱出风头。从年轻的时候开始，我就喜欢那种受欢迎的感觉。

我出生于农村，家里是种田的。在日本战败之后，父亲给哥哥买了一把吉他。我猜是哥哥求着父亲给他买的吧。一开始，（我哥）他也会经常拿起吉他弹奏，后来就被我偷偷拿过来玩了。我就是从那时开始学着玩吉他的。

不过我也只是弹着玩儿而已。我一般就坐在家里的门廊弹吉他。正好我家里有一台留声机，我就打开留声机，听着里面播放的音乐，然后学里面的歌。不过放的都是些以前的老歌。

——那调音和指法呢？

——这个我自然而然就学会了。因为弹了很长一段时间，弹着弹着我就懂了。比如说，弹着弹着我就找到了钢琴乐谱里的"mi"这个音。之后再根据"mi"这个音去找别的音就好了。我基本都是通过听声音来记忆的。

——十岁的时候你都会弹一些什么样的曲子？

——那个时候啊！很出人意料的是，我那个时候弹的都是一些老歌。比如说《温泉乡哀歌》[1]之类的。基本都是演歌，地道的演歌。

（就在这时，一位路过的大叔凑了过来。）

嗯，你要香烟吗？不过只能拿一支哦。

（大叔拿走了两支烟。）

然后，我在十八岁那年来到了大阪。

——你十八岁就来大阪了？是来找工作的吗？

——因为我是家里的第三个儿子嘛，对父母来说有点多余。所以不得不自己出来讨生活。

---

[1] 歌曲日文名为《湯の町エレジー》，创作于 1948 年，使用了吉他为歌曲伴奏，在当时的日本十分流行。

我上了六年小学，然后是三年初中。到了我十六七岁的时候，我的父亲对我说："你是家里的第三个儿子，我不需要你留在家里，也不用你来继承家业，你只能去大阪或者东京找工作了。"

　　然后我就跟他说我要去东京，接着买了去东京的火车票。

　　——你一开始去了东京吗？

　　——不，只是买了从乡下到东京的车票。当时要坐好几个小时的火车。

　　然后，我觉得大阪话的发音很复杂，倒是东京那边的发音听起来很高级，而且是标准的日语，应该很容易听懂。因此我才决定买到东京的车票。

　　接着，在那天夜晚，是几点来着，估计是凌晨一点的时候，火车到了大阪。到大阪的时候，我往窗外一看，忍不住大声喊了一句"哇"。毕竟我是乡下来的嘛，就不由自主在心里感叹着，"居然亮着这么多的灯，好宽敞啊"！

　　我突然就萌生了在这里下车的想法。然后我就在中途下车了。下车之后，我就想着，没办法了，从这里去东京还要花两倍的时间。行吧，既然想下车就下车了，就当是我运数已尽吧。

　　我在大阪站坐上出租车，然后询问司机大阪最有趣最热闹的地方在哪里。司机便带着我从道顿堀[1]一路逛到了难波。

接着我就想，我必须得学会这里的方言才行。想要学会方言，果然还是要和当地人一起打麻将。然后我就走进了高岛屋[2]附近的麻将馆，开始和大家打麻将。

结果，和我一起打麻将的人一个个都特别厉害。但我也不想认输。于是我就和他们在一起玩了一年。那个时候我一直住在旅馆，一边向旅馆支付住宿费，一边打麻将。

在我输了差不多一整年之后，那儿的老板，就是麻将馆的店长，他对我说："你还这么年轻，却输得这么惨，你这钱都是哪来的？要不你来我们店里工作吧。"

我就这么在麻将馆里工作了一年。之后我遇到了一个每天都来附近的饭店吃饭的姑娘。然后我就问她是哪里人，她就说："我经常来这边吃饭，当然是大阪人啦。"

于是我问她："你能不能教我说大阪话？"

她说："可以哦。你是哪的人？"

我说："我是乡下来的。"

然后我就"啪"地拿出一万日元放在桌子上，说这是今天的饭钱。这事把她吓了一跳！当时的一万日元可是相当值钱的。被吓到的她这样对我说："哇——大叔谢谢你"。然后她又问我

---

〔1〕 这里是指位于大阪市内道顿堀运河南岸的一大繁华街区，有着大量的餐厅和娱乐设施。
〔2〕 历史悠久的日本老字号百货公司之一。

想不想去她家做客。我就这样跟着去了我未来的老婆的娘家。那地方现在还是那样。

她问我想不想去，我就跟着去了，然后见到了她的父母。

因为我也不知道要怎么租房子，她的家人就帮我租了间当地的文化住宅。至于租房子的钱，她的父亲跟我说："这笔钱全部由我来出。"我就这样跟他借钱租了房子。然后啊，有了房子之后，我就组建了自己的家庭。

后来我突然想去开公交车，就那种观光巴士。可是我觉得我这个人性子很急不太适合。接着我就想到了去开出租车。然后我就坐上了出租车。我差不多在原来住的地方开了十五年的出租车。接着我又换了一个地方，待了十五年……三十年。

（一位三十岁左右的女性穿着高中校服，和一位男性手挽手走了过来。）

有客人来了。

这个没关系的啦，年轻人什么都不懂。

所以啊，我说，这位小姑娘，大叔我写了一首年轻人的歌，你要不要听啊？毕竟这些老歌（他身旁摆着一块看板，上面写着一些演奏难度很大的演歌）你们都听不懂吧。这些都是以前流行过的歌。

所以说，我单独给年轻的小姑娘写了歌。我给你唱一首这样的歌吧！

我想想应该唱哪一首呢？毕竟我这里有很多的歌。要给年轻人唱年轻的歌，我也有男孩子会喜欢的歌哦。虽然有很多的歌，但我究竟应该唱哪一首呢？不如我就唱一首我在看到你们之后想出来的歌吧。我就是会像这样，马上创作出一首歌哦，小姑娘。

（他开始演唱一首即兴创作的歌曲。）

我来到了新世界，

今天要和她在这里约会，

这就是我现在创作出来的歌曲。

我们说着要幸福！

从通天阁，

一路肩并肩，

路过阿倍野桥，

来到了新世界。

春天来了，

路边开满鲜花。

我好喜欢大阪，

我好喜欢大阪，

我会在，这座城市，这座城市，

生活下去！

（演唱结束）

……抱歉啊，大叔我感冒了。大叔在你们这个年纪的时候，也谈过恋爱，甚至谈了五个女朋友呢！你可不能拈花惹草，要认真起来，不能抛弃这个漂亮的姑娘。

（这时这位女性说了一句："谢谢你！"然而，这对情侣径直离开了，没有在大叔面前的小箱子里留下一分钱。）

离与归

不管身在何处，不管和谁在一起，我们都找不到能够立足容身的地方。就连和家人或恋人在一起的时候也是如此，因此我们总想着要去别的地方。

　　无论何时，无论身处何地，我们都没有"容身之处"[1]。因此，我们会不停从脚下出发，然后前往某处。

　　有太多的人在探讨着所谓的"容身之处"，这几乎已经成了老生常谈的话题。可即便如此，它依旧是一个值得人们反复深思的话题。当容身之处成为一大难题的时候，人们必定已经失去了它，又或是找不到自己的归处。因此，容身之处往往都存在于否定的形式中。当人们找到了属于自己的安身之地，他的脑海里根本就不会出现这样的疑问。只有在没有容身之处的情况下，它才会成为一个问题。

　　不仅是世间的少数派和某个事件的当事人，包括像我们这样的普通市民，也可以说是人群中的多数派，大家其实都一样——大多数情况下，我们都活在无处容身的恐慌之中。只有

---

〔1〕 日语原文为"居場所"，既可以表示物理意义上的固定住所，也可以表示令人安心的任意某处。

当大脑被工作和家人，以及人际关系的问题填满的时候；只有当我们为了处理杂务四处奔波的时候，我们才会忘记去思考自己所归何方。对于我们而言，所谓的容身之处，它要么不存在，要么这个问题本身就会被我们短暂地忘却。

不管身在何处，不管和谁在一起，我们都找不到能够立足容身的地方。就连和家人或恋人在一起的时候也是如此。因此我们总想着要去往别处。

事实上，有很多人真的将这样的想法付诸行动，朝着外面的世界迈出了自己的脚步。

我很喜欢电影《侏罗纪公园》里的一句台词："Life finds a way。"它的意思是：生命总能找到出路。这既可以是生存下去的道路，也可以是一扇让人走出去的大门。

在我指导的研究生中，有一个女孩总是在哭诉自己没有容身之处。尽管毕业之后她找到了一份很稳定的工作，可没过多久她就辞职了。之后她以打工旅行[1]的形式在澳大利亚度过了一年时光。接着她又离开澳大利亚，开始浪迹天涯。我也不知道她现在是在新加坡、泰国、缅甸、印度、尼泊尔、孟加拉国，还是阿联酋。不论如何，我还是会在心中默默为她加油。

就算我们没有亲自去到某个地方，也同样有办法找到出口。

---

〔1〕 原文为英语词组"working holiday"，主要指大学生利用休学时间到国外旅行，同时从事一些基础的临时性工作，用于补充其旅行资金。

任何人都有可能在意想不到的地方发现一扇朝外推开的窗户。

对我来说，书籍就是我的窗口。应该有很多人和我一样。因为有着四个角的纸质书，它本身就是一扇朝向外部世界的四角窗。就算自己不曾离开家乡半步，也可以通过阅读书籍去了解"外面的世界"。通过阅读我们会明白，自己是自由的，并且有机会打开这扇门去到世界各地。等到时机成熟之后，我们会亲自推开这扇窗户或是大门，去往自己喜欢的地方。

就在几天前，我在某个街区认识了一位在做招待的单身母亲。她生在平民区，周围都是些问题少年，在她上中学时结交的好朋友之中没有任何人考上了大学。甚至于，他们当中大部分人连高中都没有毕业。她自己上初中的时候也经常不去学校上课，而是与这帮朋友去到处厮混，就连家都不怎么回。

她最开始是在闹市区招揽客户，之后因为机缘巧合，她接受了别人的邀请，去到高级会所工作。在那里，她时常会遇见从一流大学毕业后就职于大型企业的成功人士和手持黑卡的企业家。

大部分从事这份工作的女性在遇到这样的客人之后，都会让对方为自己提供创业资金，有的人也会与对方产生恋情。而她在接触到这些客人之后，产生了自己也要成为这样的人的想法。

为了拿到高中毕业证，她开始上夜校，同时进行着一些为单身母亲或是上夜班的女性们提供帮助的志愿活动。

对于她来说，这些"夜晚的工作"成了她走向外界的窗口。

关于这份工作究竟是好还是不好，外界有着各种各样的声音。而我只是觉得窗口果然无处不在。有时书本会成为窗口，人也会成为窗口。对于很多人来说，就连音乐也能成为窗口。有的时候它们会强行把我们带去一个意想不到的地方。

离开自己所在的地方，到"外面"去，这件事往往会让我们感受到挣脱束缚后的自由与畅快，但与此同时，它也会带来孤独和不安。因此，我们偶尔会产生想要回家的念头。只不过一些人有家可回，一些人无家可归。

我们既喜欢听人们讲述他离开家园后获得自由的经历，也同样爱故地重游的故事。

我有一位年轻的女性朋友，她的父亲是日本人，母亲是菲律宾人。就在最近，她交了一个日本男朋友。

她那位来自菲律宾的母亲，以及她的兄弟姐妹们，他们当中大部分人都没有住在菲律宾。他们分别在南美、欧洲、亚洲的国家工作和定居。大家都和当地人结了婚，然后努力工作，把工资寄回老家。正是利用这些资金，他们的祖父母终于在菲律宾建造了一栋属于自己的房子。

我听说，包括她的母亲在内，他们家所有这些漂泊在世界各地的兄弟姐妹们会选择在某个日子一起回到菲律宾的老家。这样的聚会每隔五年必有一次。他们会提前定好时间，到了那一天，不管发生什么，所有的兄弟姐妹们都会从世界各地赶回自己的家乡。

他们会分别带上新的家庭成员一起回去，因此回家的人数加起来十分壮观。这么多的人想要时常聚在一起是非常困难的，所以他们才决定每隔五年聚一次。

她的家人也会在那一天离开日本前往菲律宾。今年她打算带上自己的男朋友一起回去。

这个家庭的成员分散在世界各地，分别在各自定居的城市组建了新的家庭，然后带着所有新的家庭成员，一起回到养育了自己的故乡。尽管大家无法像小时候那样再次一起生活，但每隔五年他们都会有一次相聚。每到这一天，这个家族的成员就会变得比之前更多。大家聚在一起喝酒吃饭，聚会结束后，所有人又将重新回到世界的各个角落。离开前他们会与彼此约定，在下一个第五年，要再次相聚于故乡。

听到这个故事的时候，我立刻就想到了发生在手冢治虫[1]的作品《火之鸟·望乡篇》里的故事。在地球变得越来越拥挤之后，人们乘坐火箭飞船移民到外太空。然而，移民的数量在外星球依旧不断增多，最后大家又全都回到了地球上。

尽管《火之鸟》最后的结局非常悲惨，但这个"五年一聚的家族"的故事却是个非常幸福的故事。

---

[1]　手冢治虫（1928—1989），出生于日本大阪市，日本知名漫画家、医学博士，其漫画作品《火之鸟》被认为是日本漫画界的最高杰作。

有家可归的人是非常幸福的。世界上有许多人在短时间内无法回到家乡，也有很多人此生再也无法重返故乡，还有一些人甚至都一个没有可以回去的家。

在远离繁华的那霸市区，有一座名为宜野湾的城市，一位当地友人曾带我去过一间小酒馆。那一带有些偏僻，而那间小酒馆就孤零零地矗立在冲绳岛安静的住宅区之中。我们刚进到店里，就看到柜台处站着一位年轻的菲律宾女子，她的名字是玛丽亚。

玛丽亚体态丰腴，性格开朗活泼，给人的感觉也非常符合菲律宾人的特质。然而，在交谈的过程中，她不知为何突然哭了起来。她说，自己已经有九年都没有回家了。她的老家是离马尼拉很远的一座小岛，她的家人全都住在那座岛上。算上她，他们家总共有七个孩子，她年龄最大，为了养活其他孩子才来到日本打工。一开始她在川崎市的菲律宾酒吧工作，然后很快就和店里的熟客结了婚，碰巧那位男性是冲绳人，她就同他一起回到了冲绳。

回到冲绳之后没过多久，那个男人就再也不去工作了。玛丽亚没有办法，只能重新做回酒吧的女招待。后来他们离了婚，接着又发生了许多的事情，之后她来到了这个酒馆。

她告诉我："我家里年龄最大的弟弟前不久考上了菲律宾国内的大学，我得为他攒够上大学的费用。所以，我要在这家店好好工作。老板娘人也很好。不过，我还是想回家。想见见我的妈妈。"

就在这时，酒馆的门被打开了，几位经常光顾的大叔一拥而入。其中一位趁机碰了碰玛丽亚，说了句"你又长胖了"，接着便大笑了起来。玛丽亚也笑着推开他，紧接着，她为了给大叔拿他买下的那瓶泡盛酒[1]，便走向了柜台深处。

二十几年前，我也曾在大阪做过一阵子的建筑工人。在某个建筑工地，有一位大叔总是和我在同一时段工作。午休的时候，在吃完我用四百日元买来的便宜又难吃的便当之后，我一边抽着烟，一边跟他聊天。

就在这时，他突然对我说："我想回家。"

我这样回答："那就回去吧，很快就可以下班了。"

他反驳道："你这个笨蛋，我说的不是这个家。我是说我出生的那个家。"

"啊，你是说那个家啊，你的老家吗？"

"是啊。"

那位大叔当时应该快要六十岁了，他说他已经有三十多年没回自己的老家了。他唯一记得的只有姐姐家的电话号码，他说："遇到台风或者地震的时候，我偶尔会偷偷地打电话问问她那边的情况。"

我也不知道那位大叔如今是否健在。估计在那之后，他也

---

〔1〕 冲绳县特产的一种烈性饮料，是日本国内最古老的蒸馏酒。

没有回过自己的老家吧。

十几年前，有一次我在那霸搭乘出租车，司机大叔跟我说他是奄美[1]人，冲绳不适合他。生活在日本本土的人或许会觉得这两个地方没有太大的区别，可事实上，奄美和冲绳的关系相当复杂。

这位大叔出生于战争年代的朝鲜半岛，他的父母都是奄美人。虽说太平洋战争在他幼年时期就结束了，但他居住的地方被划分到了朝鲜，他也因此受到了残酷对待。在朝鲜战争开始之后，他终于回到了日本奄美。对于他来说，这是他第一次见到自己的故乡。不过，他只在奄美待了几个月，之后就去了冲绳本岛。冲绳和奄美一样，都是当时被美军统治的琉球群岛的组成部分之一。据他所说，当时那霸经济发展迅速，有许多的工作机会。

不幸的是，他刚到冲绳不久，在 1952 年，奄美的管辖权就先冲绳一步被美国交还给日本。而他作为留在冲绳的"日本人"，在当时美军管辖的冲绳反而变成了"外国人"。在那之后，我想他应该经历了不少波折。就算如今冲绳也早已回归日本，他依旧生活在那霸。

这位大叔出生在朝鲜半岛，人生的大部分时间都在冲绳度

---

〔1〕 位于冲绳群岛以北的群岛，隶属于日本鹿儿岛县，但与冲绳一样不在日本本土，并在当时共同受美军统治。

过。他在奄美度过的只有那短短几个月的时间。

即便如此，在汽车行驶的过程中，他反反复复地对我说："我是奄美人，冲绳一点儿也不适合我。"

或许除了待在奄美的那几个月，在剩余的人生里，他一直都以"外乡人"的身份活在他乡。

我们敞开窗户或是大门，向着别处出发。有的人最终会回到原点，有的人却无法回头。同时，在这段旅程中，我们会迎来一个节点。在这个节点，如果我们继续前进，将再也没法回到最初的位置。

我们偶尔会在自己的生命中与这样的时刻不期而遇。

我年轻的时候经常在冲绳诸岛周边的海域进行无氧潜水[1]。特别是当我待在那些没有熟人和朋友的偏僻小岛上的时候，我一个人闲得无聊，就只能去潜水了。我虽然不会游泳，却还是戴上了潜水呼吸管和脚蹼，然后大胆地潜入水里。

有一次，我在石垣岛的白保海岸[2]潜水。因为那次是在台风过境之后，海面上风急浪高，水流十分湍急，整片海域浑浊不堪，视野也很糟糕。

我潜入水下五米左右的深度，在珊瑚礁的前方，水中的景

---

〔1〕 日语原文为"素潜り"，指不携带氧气瓶等呼吸装置进行潜水，也可译作"徒手潜水"。
〔2〕 石垣岛位于琉球列岛的八重山群岛的南方。白保海岸可以看到丰富的珊瑚礁和密集的鱼群，是石垣岛上最具人气的潜水胜地。

象十分朦胧，仿佛隔着一层雾霭。远远地，我看到一只长度超过一米的大海龟从漆黑一片的海底游了过来。

在冲绳的大海里遇见海龟和鲨鱼并不是什么稀奇的事情，我在那之后也遇到过很多次。可在那时，我还是第一次遇到，心里非常激动。海龟慢悠悠地调转方向，重新朝着更深更远的海域游去，而我也不自觉地跟在了它的身后。

当我跟着它游出很远一段距离之后，那只海龟突然转过身来与我四目相对。我这才意识到，要是再继续往前游的话，我恐怕就再也无法回到陆地了。因为我还不想死，所以拼命地往岸边游，这时我才发现，自己已经被海流冲到了距离起始位置很远的地方。

也是在那个时期，我很喜欢在晚上一个人出门散步。我会花上好几个小时在大阪的街道上四处溜达。大阪市区的夜晚总是灯火通明，并且热闹非凡。不过我当时住在淀川 [1] 河畔，那一带到了晚上总会陷入寂静无声的黑暗中。

我经常像这样在街上散步。某一天，在昏暗的巷子里，我看到一位老人正在迎面向我走来。在远处街灯昏暗光线的照射下，我们一步一步缩短了彼此间的距离。等他走到我面前，我才发现，那位老人什么衣服都没穿，他手上还拿着一个小小的

---

〔1〕 日本本州中西部河流，源自日本最大的淡水湖琵琶湖，流经大阪的这一段河流被称作淀川。

澡盆。

现在回想起来，光着身子去澡堂洗澡在当地其实是件非常合理的事情，可是在那一刻我被吓得心跳都差点停止。

那个时候的我是真的很害怕，感觉自己就要被带入一条不归之路。

笑与自由

在面对着无法逃避的命运之时，不经意间发出的有些不合时宜的笑容，它本身就是人类的自由的一种象征。不管是在受害者的痛苦之中，还是反抗者的英勇斗争之中，这样的自由始终存在着。

在不久前举行的某次地区议会上，一位男性议员对女性议员进行了非常严重的性骚扰。这件事影响十分恶劣，媒体也对其进行了大肆报道。就在人们奚落着这位男性议员的时候，那位女性议员却在旁边微微发笑，这件事令我印象十分深刻。

我一直很想知道，当时她脸上的笑容究竟意味着什么。

不管是在工作还是生活中，我都会与各种各样的人打交道。我的研究方向和教学内容，以及我所参与的社会活动使得我结交了一群特别的朋友。在他们当中，有的人正在为人群中的少数派发声，也有的人正围绕着种族歧视和人权等主题积极开展志愿活动。

我有一位定居在日本的韩国朋友，我发自内心地尊敬并信赖着他，可他总是会说一些不着边际的话。比如，他会突然打电话给我，然后跟我乱开玩笑。

与其说这样的行动有些欠妥，倒不如说这其实是个很冷的玩笑，因为我根本不知道要怎么回答他。大多数情况下，我都会拐弯抹角地随便说点什么搪塞过去。再加上我清楚地知道，他平时对待自己的工作态度一丝不苟，是个认真又踏实的人。也正因如此，我每次都会因为他这样的行为而感到困扰。

有一位冲绳当地的学者在研究冲绳的美军基地问题以及冲绳战役[1]方面十分权威，我曾向他请教过关于"内地留学"的问题。在冲绳回归日本之前，当地人前往"日本本土"就读大学或者大学院的行为被称作"内地留学"或是"本土升学"。在那个时代，他们前往"日本本土"甚至还需要办理护照。

在讲到他的家人和亲戚特地从冲绳跑来东京看望他的经历时，他这样说道："我在东京闹市区的街道中央等着他们，突然看到从对面走来了一个全是黑人的团队，我正想着这是哪里来的野人，却发现他们就是我的家人。"

说完这段话他开始哈哈大笑。我也只能附和着他小声地笑了笑，脸上的表情却有些僵硬。

我的妻子齐藤直子[2]一直在研究被歧视地区的问题。有一次，她和关西某个被歧视地区的青年会[3]的成员一起乘车的时候，车子路过了另一个被歧视地区。就在这时，车里的年轻人

---

[1] 1945年3—7月，美军与日军在冲绳岛上进行一场战役。
[2] 齐藤直子（1973—），大阪市立大学人权问题研究中心特任准教授，主要研究被歧视地域问题以及家族社会学。
[3] 由居住在日本各个地区的20岁到30岁左右的青年男女所组建的团体，也被叫作青年团。

们说着"感觉好臭啊""是好臭啊""这里是部落"之类的话，并大笑不止。

因为工作关系，我讲的事情大多都和这些被歧视地区或者冲绳有关。可这样的笑意并不是只会出现在特定的种族歧视或者是社会问题之中。人类所到之处都充斥着这样的笑意。

因为患有严重的无精子症，所以我没有生育能力。某一次去医院接受检查的时候，妻子拿着检查结果，抽抽搭搭地哭着回到了我的身边。而我在听着妻子说话的同时，脑袋里出现了一些不着边际的想法：因为这个病，我其实是个很"安全"的男人，而且我可以通过这一套说辞，把这件事变成一个搞笑故事。

我在无意识间，立即将这件事变成了一个搞笑故事，这同时也让我顺利地接受了如此残酷的现实。当然，即便在那之后过去了许多年，我依旧没法完全释怀这件事。只不过，当我们的生命中出现了自己无论如何都无法释怀的事情的时候，我们可以选择一笑而过。也不是一定要与人倾诉，我们可以在心中笑话自己。这么做能够让我们接纳这个无可救药的自己。

即便那不过是一个在特定情况下的无比短暂的瞬间。然而，就是这个瞬间，它足以让我们的人生延续下去。

顺便一提，我偶尔也会在上课或者演讲的时候讲起这件发生在自己身上的事情。当我说起自己听到这件事之后，脑海里萌生出的念头是"我其实是个很'安全'的男人"的时候，大家从来没有被这个"笑话"逗笑过。

可以说，我们都被束缚在各自的人生里，并且没法从头决定自己的人生。在经历了一些毫无道理的复杂过程之后，我们出生在某个特定的时代之中、某个特定的地方。我们始终怀抱着各种各样的不满，却也只能被束缚在这个"自我"之中，并就此度过一生。我们无从选择，只能过着自己的人生，这时常会让我们觉得痛苦万分。

当受到伤害，或者是被他人所伤，人们先是会陷入沉默，然后压抑情绪，拼命忍耐。有的人则是会条件反射般地发泄怒火、出言反驳、怒视对方。有的时候人们甚至会大打出手。

可与此同时，我们也可以选择微笑面对。

我认为，不管是在痛苦的时候条件反射般地笑起来，又或者是当事人自己把这件事当成一个笑话，然后自嘲般地笑起来，这些行为都是人类的自由。人类的自由与"无限的可能性"，以及"无可取代的自我价值的实现"这一类主题毫无瓜葛。这种"自由"并不会出现在那些鸿篇巨制的英雄传奇里。

至少我们每一个人在痛苦万分的时刻都拥有笑的自由。就算是身陷囹圄，我们也有不被这样的状况所束缚的自由。人是自由的。这并不是指一个人可以有很多的选择和各种各样的可能性，而是即便现实将我们逼上绝境，在绝境的前方，必然也还存在着"别的什么"。

这个"别的什么"就是自由。

当然，一切也并不局限于"当事人"。语言不仅仅是一种道具，当它被打断的时候，它也会流血。而接受了这些话语的人，将不再是对自己无关紧要的陌生人。

　　聆听他人所讲述的故事，就意味着自己正在参与这个人的人生。

　　我有个怎么也改不掉的坏毛病，那就是在听到悲惨的故事的时候总是会忍不住笑起来。最近一段时间，那些参与救助贫困地区的活动的志愿者们经常对我说："我这里有岸先生会很喜欢的故事哦"。

　　我听了一下，他讲的是一个充斥着贫困与暴力的悲惨故事。

　　我对他说："不，我并不是喜欢这样的故事……"

　　其实我自己都没有注意到，因为自己在听到这些故事的时候经常会笑，所以才招来了他人的误解。

　　我很难去说明我那时的笑容意味着什么。当然，那并不是嘲讽的笑容。只不过，在听到那些故事的时候，我会在无意识间发出短而尖锐的干笑声。

　　当我在聆听充斥着苦难与挣扎的故事的时候，故事的内容越残酷，我就越无法轻易地哭泣或是愤慨。因此，我需要为聆听这些故事时涌动在心中的情感找个发泄的出口，或许这就是我笑起来的原因。

末井昭[1]写过一本名为《自杀》[2]的书。他的母亲在年轻的时候就和自己的情夫一起用炸药自杀了。当时，他的母亲被炸得粉身碎骨。在很长一段时间里，他都没能向任何人讲述这件事情。某一天，他终于下定决心，把这件事告诉了篠原胜之[3]，而对方笑着听完了他的故事。以此为契机，向别人讲述这件事情对他来说变得轻松了不少。

我并不是想说我的笑和篠原先生的笑是一样的。只不过我一直都在思考，如果那个时候篠原胜之先生是故意笑出来的话，事情又会如何发展呢。恐怕末井先生会受到深深的伤害，从此再也无法对任何人提起这件事情，他也就无法写下这本优秀的书籍。

我想，在聆听这个故事的时候，篠原胜之先生既不会瞧不起对方，也不会很肤浅地觉得这是个有趣的故事。他实在是不知道该做出什么样的反应，就只能笑一笑。

不过，这也只是我个人的想象罢了。

当我们陷入困境之时，会咬紧牙关，一个劲地忍耐着。这

---

〔1〕 末井昭（1946—），出生于日本冈山县备前市，是一名自由编辑、作家、萨克斯演奏家。

〔2〕 该书为纪实作品，末井昭在书中讲述了母亲的自杀经历，以及自己如何成为一名图书编辑。尽管书中提到了自杀这个沉重的话题，作者却将这段内容写得轻松诙谐。同时，书中还有不少他与其他人围绕着自杀这个话题所进行的对谈。该书荣获了日本第30届讲谈社随笔奖。

〔3〕 篠原胜之（1942—），出生于日本北海道札幌市，是一名艺术家、作家、演员。

样的行为会让我们逐步沦为"受害者"。又或者，我们选择正面迎战，提出抗议，通过一切的手段去抗诉，想尽千方百计去扭转糟糕的局面。这个时候的我们就成为"反抗者"。

但与此同时，我们也可以从这些选项中挣脱出来。在面对无法逃避的命运之时，不经意间发出的有些不合时宜的笑声，它本身就是人类的自由的一种象征。不管是在受害者的痛苦之中，还是反抗者的英勇斗争之中，这样的自由始终存在着。

在厄休拉·勒古恩[1]的作品《地海传奇》第四卷里，有一个让我印象十分深刻的情节。名叫恬娜的女性是大魔法师格得的伴侣，她收养了被父母抛弃的少女瑟鲁。瑟鲁尚且年幼，却有着难以用语言来形容的悲惨过去，她的半张脸皮肤已经溃烂，留下了严重的疤痕。恬娜发自内心地深爱着痛苦挣扎的瑟鲁。当然，她也同样爱她脸上的伤疤。

然而，书中却有一个这样的情节：在某个夜晚，恬娜在一旁看着安然入睡的瑟鲁的脸庞时，突然伸出手盖住了瑟鲁脸上的疤痕。于是，在她眼前呈现出来的是有着漂亮肌肤的少女入睡的模样。

恬娜很快就移开了手，然后亲吻了一下依旧沉睡着的瑟鲁

---

[1] 厄休拉·勒古恩（Ursula K. Le Guin, 1929—2018），出生于美国加利福尼亚州伯克利市，美国科幻小说家和青少年儿童文学作家。由她所创作的《地海传奇》系列是西方奇幻文学史上的经典作品，是与《指环王》《纳尼亚传奇》并称的幻想文学。

脸上的伤痕。

虽然这个情节和笑没有什么关系，但我认为这个情节描绘出了所有我想要表达的东西。恬娜深爱着瑟鲁的一切，也包括她脸上的伤痕。可是，她也会在不经意间遮住瑟鲁脸上的伤痕，去想象一个有着漂亮的脸庞的瑟鲁。这件事发生在短短一瞬之中，无人知晓。而通过对这个情节的描述，从恬娜接受了对方所有一切的爱意之中，那些被过度美化的事物，或者是虚浮于表面的形式全都荡然无存。

某种意义上，我们的笑容就好像隐藏在内心最深处的一个阴暗的洞穴，当我们遭遇困境，就会逃进这个洞穴，等待着外界的暴风雨平息。通过这样的方式，我们才能保持心态平和，并顽强地活下去。

在文章的最后，我还要再讲一个故事。这也是一个关于不合时宜的笑容的故事，而它和我前面所讲的内容有着些微的差别。虽然我也不能表达得很清楚，但我认为它们之间有着一定的共同之处。

年轻的路易斯出生于南美洲，属于性少数群体。

我第一次见到他的时候完全不知道这件事，只觉得他是个性格开朗、乐于助人、风趣幽默，并且总是面带微笑的男生。在我们第二次见面的那天晚上，我正好在和很多人一起喝酒聊天。在聊天的过程中，有件事突然让我产生了一些违和感。

在我们的对话里突然出现了田龟源五郎[1]的名字。路易斯出生于南美洲，孩提时代就来到了日本，过着普通的生活，这样的他为什么会知道为特殊人群创作漫画的知名漫画家田龟源五郎，我有些纳闷。

夜色渐深，我也醉得很厉害，于是直接向他抛出了我的疑问。路易斯只是愣了一会，然后做出了肯定的回答。

于是这成了我们之后聊天的话题，路易斯告诉了我们许多有关于同性恋的事情。我和路易斯成了好朋友（在场的所有人都成了路易斯的好朋友），然后把他的故事写进了书里。

"Outing"这个词语有很多的含义，就比如说，某个人隐瞒着自己身为性少数群体的事实生活着，而另一个人在未经许可的情况下将这件事公开挑明，这样的行为就可以被称作"Outing"。这与当事人下定决心主动坦白截然不同，是绝对不应该的一种行为。

当然，在此之前和从此以后，我都没有做过这样的事情。虽然我是在不知情的情况下碰巧"猜中了"路易斯属于性少数群体，但这也算是一种"Outing"行为。

这样的事从未有过，今后也不会再发生了。那个晚上发生的事情就是我人生中仅有的一次。我想我到死为止都不会再做这样的事。

---

[1] 田龟源五郎（1964—），日本漫画家，自称"Gay Erotic Artist"。

然而，那对我来说的确是个愉快的夜晚。我当时的笑容的确发自内心。路易斯也经常会回想起那个夜晚发生的事情，然后对我说，如果没有我当时说的那句话，他是绝对不会主动向大家挑明身份的。

掌心的按钮

总而言之，所谓的「幸福该有的模样」就好像一把束缚着我们的枷锁。

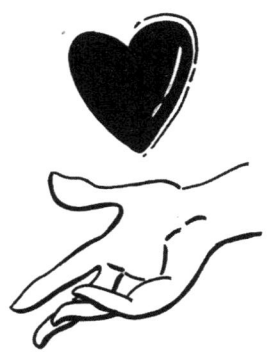

在过去很长一段时间，我始终不明白"庆祝生日"这件事有什么意义。直到最近，我才终于理解了这件事。此前，在我心中一直都有这样的疑惑：我们不过是碰巧出生在这一天，为什么就要去祝福别人，或者接受他人的祝福呢？然而，也只有在这一天，我们就算没有做成任何事情，也可以得到祝福。因为就算我们什么都不做，只是迎接这一天的到来，也能让别人对我们说一句"生日快乐"。

所谓生日，也就是这么一回事。

一位丈夫婚后出轨，不仅是自己的妻子，就连他的孩子们也知道了这件事，于是家庭关系急速恶化。孩子们长大成人之后纷纷离开家庭，只有丈夫和妻子留在家中。这样的事情时有耳闻，甚至前几天，我才从朋友的熟人口中听说了类似的故事。只不过，当时我们探讨的重点在于，在孩子们长大成人独立生活之后，家里只剩下夫妻二人，他们还能保持这样的状态继续一起生活几十年吗？

　　一般来说，在这种情况下，离婚绝对是更好的选择。可是这位妻子多年来一直都在做家庭主妇，除了打工和兼职以外，并没有什么工作经验。因此，她不得不依靠丈夫的收入来维持生计。

　　我认为，现在的社会结构留给女性的选择要比男性少很多。

　　因为总是会听说这样的故事，所以我也时常会劝诫自己的学生："为了独自一人也能生活下去，女性至少要确保自己拥有最低限度的收入。"

　　或许是因为我的课上得不太好，并不是所有学生都能理解我的想法。现在依旧有很多人憧憬着闪闪发光的结婚典礼，并想要成为被家人的爱包围着的家庭主妇。

　　不管是男是女，只要没有精神或者身体上的疾病，就应该确保自己有着能够一个人生存下去的经济实力。不论出于何种立场，到了一定的年龄，人们就会把这件事当作一种常识。可是，像这样时刻考虑着人生中可能存在的风险的行为，与我们心中对于"幸福"的美好憧憬相距甚远。

　　因此，时常会有人对社会学这门学问产生误解，认为我们总是在讨论世间发生的痛苦或悲惨的事件，将人们分离成了一个个毫不相干的独立个体。

　　在某些情况下，通过不同的形式，我们对幸福的美好憧憬有时会变成对无法获得这种幸福的人群的"暴力行为"。就好比说，我们对"幸福的定义"深信不疑，一旦偏离了这个"定义"，便无法采取任何行动，只能让事情发展到无法挽回的地步。

有的时候，这种意象本身就会给他人带去伤害。

不久之前，某个东京知名商贸大厦的电视广告受到了舆论的抨击。在广告中，一位女性因为穿着土气，被公司的一位男性前辈取笑了。在面对其他几位精心打扮了一番，无论是发型还是服饰都无可挑剔的女性员工时，这位男性开始大肆夸赞，不停地念叨着她们好可爱。

这个广告的结尾令人非常震惊。

在最后，被取笑的女性嘟囔了一句："是我太懒了。我必须更加努力，让自己变美才行。"

不管怎么说，这句话实在是有些过分。制作方很快就出来公开致歉，并撤回了这个广告。很显然，对于广告中的女性而言，这是职场上的性骚扰行为。可事实上，就算没有做到这个份上，我们心里还是会有一些固有的认知，诸如对于女性来说家庭和婚姻理应是怎样的，女性和男性应该如何在其中分配自己的角色，这种认知反而会成为束缚我们的枷锁。

与此同时，偏离了这种认知，或者说是"被认为"偏离了这种认知的人群，他们会怀疑是不是自己做错了什么，自己是不是再也无法得到幸福了。

在这个社会里，孩子可以说是一种最简单明了，并且强而有力的幸福的象征。人们都认为，只要结了婚，生孩子是理所当然的事情。

在我的朋友当中，也有人会给我寄印着自家小孩照片的新年贺卡。而我最终还是会渐渐地疏远这些朋友。当然，如果我的好朋友怀孕生子，我还是会打从心底祝福她。可是在这之后，我们自然而然就会找不到共同话题，变得很难再继续交往下去。并不是说我会去嫉妒或者产生偏见，而是我们"自然而然"地疏远彼此。这同时也让我切实地感受到，像我这样的情况会被"自然而然"排除在世间大多数人所认为的幸福之外。

事实上，我完全不了解养育孩子有多么辛苦，也不懂怎么与 PTA [1] 打交道。因此，当朋友们聊到这些话题的时候，我只能选择沉默。

只不过，即使没有嫉妒和偏见，人们还是会忍不住询问他人家里是否有小孩。而我每次遇到这种情况，也只能平淡地回应一句："啊，我家没有孩子。"

一般情况下，我通常会得到"家里没有吵闹的孩子真让人羡慕啊"或是"不过你们夫妻关系很好，这样也不错"等类似的回复。

总而言之，所谓的"幸福该有的模样"就好像一把束缚着

---

〔1〕 全名为 Parent-Teacher Association，是日本特有的一种社会教育关系组织，一般由各所学校自行组建，成员包括孩子们的监护人以及学校教职工。

我们的枷锁。这世上还存在着性少数群体、单身人士，以及没有生育能力的人——仅是在家族和婚姻这一方面，就有这么多种不同的生存方式。不仅如此，包括工作方式和兴趣爱好等，在生存过程中我们所做的任何事情，人们都会对其做出好与不好的评判，并将人分成三六九等。

针对这些情况，人们会有不同的见解。说得极端一点儿，恐怕其中最正确的思考模式就是停止认为一件事一定是"好的"。就算做不到这个份上，也要避免去使用"这对于大多数人来说很好"的这样一种说辞。

对于某个人来说很好的事物，对于别的人来说很有可能就是一种暴力。而出现这种情况的原因在于，当我们这么说的时候，我们往往不是出于个人的角度认为这个观点仅仅是"对我来说"很好，而是"因为世上大多数人都认为这样很好，所以我觉得它很好"。

对于我个人来说，所谓"很好的东西"是不会伤害到其他人的。因为这个情况仅限于我个人，不包括除我之外的任何人，自然也就不会去排斥任何人。而当我们说"大多数人都认为很好的事物"时，人们自然地就被分成了包括在其中的部分，以及被排除在外的部分。

"我喜欢这个颜色的石头"，这句话里面没有出现任何其他的主语，因此也没有任何人会被排除在外。如果，这句话变成"拥有这个颜色的石头的人是幸福的"，那么，"拥有石头的人"

和"没有石头的人"就会被区分开来。也就是说，人会被分成幸福的人和不幸的人。

由此可见，当我们在讨论一个事物的好坏的时候，最好在前面加上"我认为"这样一个前提。或者说，我们在思考的时候，要将"人们手里拿着什么颜色的石头"与"这个人是否幸福"这两个问题彻底分开讨论。

当一个男人和一个女人结婚的时候，我们会选择祝福对方的原因也在于此。我们认为能和喜欢的异性结婚就是幸福，而正好我们眼前有这样的两个人结婚了，那么这两个人就很幸福，所以我们选择送上祝福。

在这种情况下，产生这种想法的前提是，不仅仅对于结婚的人本身，就连世上大多数人都认为和喜欢的异性结婚是件幸福的事情。这样的想法和说辞，以及献上祝福的形式必然包含着这样一种隐喻：不能和喜欢的异性在一起的人是不幸福的，或者说至少他们不会得到与结婚的两个人同等的幸福。

这样一来，祝福两个人的婚姻这件事本身就会成为对无法结婚的少数群体的一种诅咒。

如果我们想要保持"公正"，就要放弃和喜欢的异性在一起的这种习俗。就算做不到这一点，我们至少也应该停止对这种行为的祝福。只有这样做才不会伤害到任何人。

总的来说，我们要做的，是撤去一切区分好与不好的规范。只要存在规范，就必然会有人被排除在外。

可是，在我们渺小而零碎的人生中，那些渺小的幸福就是由这些规范，或者说"好的事物"所构筑而成的。而要放弃这些美好，对我们而言非常困难。

我和妻子都不喜欢举行没有意义的仪式，因此结婚的时候我们也没有举行婚礼。不过在我的学生之中，有不少年轻女孩对婚礼都有着些许憧憬，这让我感到很惊讶。坐在一起喝酒的时候，她们经常会聊起这个话题。

我也问过她们很多次为什么那么想举行婚礼，她们的回答同样令我费解。我大概能明白的是，大家都想在人生仅有一次的婚礼当天穿上漂亮的礼服，然后得到别人的夸奖与祝福。

大部分时候，我们需要努力做成某件事才会得到表扬与认可，而仅仅是存在着就能被人祝福和夸奖的情况的确很少见。因此，在我们的人生中，像这样的日子就算只有一天，也能给予我们生存下去的动力。

事实上我也经常被邀请去参加毕业生的婚礼，不管是新郎还是新娘都会盛装出席，衣着华美，足够得到人们的祝福，而我也会发自内心说一句"恭喜"。

可是，这样的幸福的定义就如同我一开始所说那样，它将一部分人排除在外，也因此成为对这些人来说的暴力。每次去参加朋友或者学生的婚礼我都很开心，也的确发自内心地祝福他们。可是当我听到别的来宾在打招呼的时候对他们说"祝你们早日拥有一个健康的宝宝"或是"祝你早生贵子"之类的话，我的心情还是有些复杂。

每当这样的时刻，我总是不知道该说什么好。幸福时常伴随着暴力出现，那么我们是否应该抛弃它呢？说得极端一点，异性恋者举行婚礼这件事，对同性恋者而言是一种变相的压迫。所以我们又怎么能够去祝福这样的情况呢？

与此同时，与这样的情况完全相反的事情也时有发生。

前几天在酒会上，一位刚毕业的女生哭着说，因为她的男朋友收入太低，所以他们没法结婚。我那个时候很单纯地想着，既然如此，不举行婚礼不就好了。可是面对着眼前这个纯粹地憧憬着婚礼，想要得到那样的幸福的女生，我始终没法说出这样的话。毕竟，婚礼这件事对于她来说非常的重要。

就比如说，人们都习以为常地觉得，女性就应该让自己时刻保持年轻美丽的模样。然而，这同时也是一种束缚，一种会将许多女性排除在外的暴力行为。可即便如此，我们依旧很难将女性精心打扮这件事与暴力画上等号，我们都在否认这是一种"暴力"。

那么，我们还可以换一种思路，就是去尊重各种各样的价值观。也就是说，想要穿得漂亮时尚，或是画一个精致的妆容，这些行为本身没有任何的错误，我们要否定的是他人或整个社会强迫女性必须要这么做的观点。如果，一个女孩精心打扮自己的理由，是担心容貌会被神经大条的上司取笑，那的确是一种会让人感到屈辱的情形。可如果一个女孩依照自己的性格和价值观去打扮自己，这并没有任何的过错。

想到这些，我时常会感到困惑。我们身上到底还保持着多少的"个性"。面对社会上所有因共同的规则而产生的暴力，我们真的有足够强大的信念去忽视这种暴力，然后保持住真实的"自我"吗？

倒不如说，比起穿上一些有着过于显著个性的衣服，我们或许更愿意穿一些普通却又精致可爱的衣服，然后被人称赞好看或是可爱吧。保持个性是一件很孤独的事情。我们真的能够忍受这样的孤独吗？

说到底，所谓的幸福，它本来不就是一些寻常可见的，非常无趣的事物吗？

在孩童时代，我的手心里一直握着一个看不见的按钮。当我遇到困难的时候，我会在自己的想象中"叮"的一声按下这个按钮，然后一切事情都会变得顺利起来。甚至到上了小学，年龄稍微大了一些的时候，我仍旧会在无意识间觉得自己手里握着一个按钮。

想要按下按钮的契机有很多，不过其中占据了我大部分思绪的念头，就是我因为自己的长相而产生的自卑情绪。

我一直都非常讨厌自己的长相，并因为这副容貌产生了非常强烈的自卑感。也不仅仅是外貌，从小到大，我的肢体都极度不协调。在运动方面，特别是球类运动，我真的完全不擅长，也因此十分自卑。虽然我也不是完全地不受欢迎，可不管别人对我作何评价，上小学时的我一直都在想着，希望自己能长得更帅一点。

　　现在回想起来，这可真是无聊至极且毫无意义的烦恼。可是就算到了现在这个年纪，我偶尔还是会忍不住去幻想，幻想出另一个有着出众的相貌，没有任何的不满足，过着幸福美满的人生的自己。我幻想着，有一个被人称颂，宁静祥和，没有任何过错的人生。我幻想过着被家人环绕着的幸福满满的人生。

　　其实现在的我也过上了十分安稳的生活，也算得上很幸福。可我们的人生总是充斥着不圆满，以及那些让我们耿耿于怀的事情。它们有着粗糙的触感，充满了疼痛和苦涩，甚至比儿时占据我们脑海的事物还要更加渺小、狭隘，且零碎松散。

　　即使什么都不做，也能被人称赞可爱或是帅气，也能收获祝福和赞叹，也能听到一句"我爱你"，这对我们来说的确是难能可贵的事情，它又像是一个遥远的梦——可与此同时，这样的行为有可能会伤害到另外一部分人群。

　　每每想到这些，我就会感到无所适从。

他人之手

当我即将沉入盛夏青蓝色的水底之时，有人伸出援手解救了我。

托他的福，我没有死在那个夏天。

　　比起和别人在一起，我更喜欢独处，不过有时我也会渴望与他人接触。

　　在绝大多数情况下，与陌生人之间的身体接触都会让人反感。但是，想要找到一个独处的空间又是最花钱的，生活在大城市中的我对这一点深有体会。比如私人包间、绿色车厢、商务舱，又或者是座位之间有着充足距离的一家咖啡馆或餐厅。总而言之，想要在充斥着大量人群的地方找到一个没有人的空间需要花费大量的金钱。这样看来，大家果然都很抵触与他人产生亲密的身体接触。

　　我偶尔会到东京出差，但东京的电车实在是太过拥挤，车厢里的景象每次都会让我惊讶不已。我不禁在心里感叹道，大家真是太能忍了。不过想来也是，若是忍耐不了的话，就无法在这个拥挤地方生活下去。无计可施，只能默默忍受。

　　实际上，除了直接的肢体接触，要让我们用肢体去配合他人的动作，或是被迫和他人产生肢体接触，这两种情形同样都会使人产生强烈的抵触情绪。

大约是在二十五年之前，我时常一个人去观看在大阪各地的小型演出场馆举办的爵士乐的表演。其中有一次，我不小心误入了表演法国香颂[1]的地方。表演开始之后，我才发现大事不好，自己原来走错了地方，并且那天店里只有我一个客人。

在这种情况下，我觉得自己就这样在演奏过程中离席实在很不礼貌。于是我也只能耐着性子坐在那里继续欣赏演出。就在这时，舞台上那位女歌手一边唱着歌，一边朝我走了过来。她手持麦克风，身上穿着轻飘飘的演出专用礼服。

她开口唱道："哦，香榭丽舍[2]。"

唱完这一句，她便把麦克风递给了我。她应该是想让我也跟着唱一句，可是当时只有十八岁的我实在太过青涩，完全没法跟着她唱下去。最终，我涨红了脸，并一言不发地跑出了场馆。

如今我已经四十七岁了，也终于告别了这种过剩的自我意识。要是现在的我站在那里，估计会抛开羞耻心，故意用夸张的演技表现出很开心的模样，然后大声唱起那句歌词。

只不过，现在几乎已经找不到会表演法国香颂的地方了。

---

〔1〕 香颂源自法语单词"chanson"，意为歌曲。法国香颂是对法国世俗歌曲和情爱流行歌曲的泛称，以甜美浪漫的歌词著称于世。
〔2〕 法语原文为"Aux Champs-Elysees"。

我时常前往冲绳进行调查，有的时候也会去当地的酒馆喝酒。可是直到现在，我还是很不擅长应付被迫参与冲绳手舞[1]的情形。在举行宴会的时候，大家热热闹闹地喝着起泡酒，一旦有人弹奏冲绳三线[2]，就会有人跟随旋律唱起冲绳民谣。然后，大家就会自然而然站起来，围成一个圈开始跳舞。这样的情况在冲绳的酒会十分常见。大家围成圈跳的这支舞就叫冲绳手舞，我真的很不擅长。

虽然大家都说这是冲绳的传统习俗，是长久传承下来的文化，但我平时和当地人在一起喝酒的时候，我们从来不会跳冲绳手舞。我想，现在的人只会在特别值得庆祝的场合或者是某些特定的场所才会跳起这支舞吧。

迄今为止，我几乎都是在打着"多文化共生"的旗号所举行的人权活动中，在那些接待观光游客的居酒屋里被迫参与这个舞蹈。在这种场合，冲绳手舞成为一种人为制定的"规则"，参加活动的人都被强制要求参与这个舞蹈。表面看上去，大家似乎都很乐在其中，参加活动的人们怀着真挚的情感，在心中默念着"好不容易来一趟冲绳，不好好享受一番怎么行""必须要尊重冲绳的文化"等诸如此类的话语，不过我想他们心里应该和我一样都有些不太情愿。

---

〔1〕 日语原文为"カチャーシー"，是一种配合着快节奏的冲绳民谣，将双手高举过头顶，在不停转动手腕的同时左右晃荡的舞蹈。
〔2〕 日语原文为"三線"，是日本冲绳民间音乐中使用的主要弦乐器。

就像这样，和他人待在一起是一件很容易让人感到厌烦的事情。无论是倚靠着他人的身体，又或者是被他人所触碰，这些在日常生活中屡见不鲜的体验总会唤起我们的厌恶情绪。可有的时候，拯救我们的往往是他人在不经意间伸向我们的手。

虽然并不是什么大不了的事情，但我已在前文里多次提及，我的工作就是聆听他人的生活史，偶尔也会对一些人进行采访。我认为，采访的过程和屏住呼吸潜入海底的过程很相似。每次倾听着他人的生活史的时候，我都有一种在寒冷昏暗的夜晚赤身潜入海底的感觉。

我和受访者在事先约好的地方碰面，然后找一间咖啡店。点过单之后，我们会说一些"你好""辛苦你跑一趟"之类的司空见惯的客套话，然后寒暄几句。到了合适的时机，我会向他抛出我的第一个问题："请问你在哪里出生？"

采访从这个问题开始，短的时候只有一个小时。到目前为止我进行过的最长的一次采访花了三天时间，总共进行了八个小时。不过大部分的采访都只有两三个小时，我会在这段时间里聆听一个人从出生到现在的人生经历。

第一个问题基本都是固定的，我会询问对方出生的年份和地点，或者是现在所从事的工作和有关家庭的事情。不论如何，采访刚开始的时候，我问的都是一些非常普遍和常见的问题。

问完第一个问题后，对方的回答成了第一个故事。紧接着，从这个故事里又会衍生出出乎意料的下一个问题，然后又会有新的故事诞生。

虽然一开始的提问都是相似的，但是五分钟过后，所有的生活史都会呈现出我从未听说过的崭新面貌。两个小时过后，它俨然成为一片错综复杂的珊瑚礁，又好似壮观的巨型迷宫，是一眼望不到尽头的非常庞大的存在。不知不觉间，采访进入尾声，我们向彼此道谢，然后交换联系方式，结账后各自离开咖啡馆，从此成为再无交集的陌生人。

在进行采访的几个小时里，我一直在与他人共享一段人生，也因此，每次采访结束后，重新回归自我的这个瞬间总会让我感到十分的孤独。这种感觉就好像我在别人的生活史中进行了一场忘我的漫长旅行之后，又重新回到了现实，回归了"本我"。

采访的第一个问题，就好像潜水的时候第一次吸气的动作。我戴上呼吸管漂浮在水面上，深吸一口气，然后屏住呼吸，用类似于鞠躬行礼的动作低下头潜入水中，然后两脚向后高高翘起，就这样一口气潜入海底深处。采访的过程和下潜的动作很相似。我被故事指引着，渐渐沉入海底。不管我多么努力地屏住呼吸不断往下潜游，海底总是一片黑暗，什么都看不见。接着，采访告一段落，我便缓缓地向上游，回到水面探出头，深吸一口气。等我回过神来，会发现自己竟是只身一人漂浮在夜晚的海面之上。这样一来，我便回到了最初的自己。

每当这个时刻，我都会觉得非常寂寞。

我偶尔会在结束采访后备感寂寞时去做按摩。我经常在那霸和我的家乡大阪进行采访，在大阪结束采访之后，我会去同一家按摩店做按摩。那家店就在我家附近，是那一带地区最有名的老字号店铺。那里价格便宜，大部分按摩师手艺都很好（偶尔也会遇到技术不太行的）。每次我想去做按摩的时候，都会选择这一间按摩店。特别是在时间刚好能对上的时候，我会指名店长 H 先生来为我做一个半小时的按摩。

H 先生是一位中年男性，他头发稀疏，有着非常强壮手臂和茂盛到匪夷所思的标志性鼻毛。就算是鼻毛长得那么明显那么旺盛，他却一点也不在意。不过最重要的是，H 先生有着神乎其神的手艺。我光着上半身趴在按摩台上，只有下半身穿着店内准备的运动装，而 H 先生会替我盖上浴巾，接着同时按住我的左腰和右肩。仅仅是刚开始的这个动作就能让我知道他的确有着过人的手艺。

在被人按摩整个身体的过程中，我能感受到自己的身体的分界线。我认为，按摩就是一个确立外部世界与我本人之间的"界线"，并对其进行反复确认的过程。从头顶到脚趾，在整个身体被他人用手按摩的过程中，我能感受到我的身体的大小、形状、温度以及硬度。这个过程无论如何都需要借助他人的双手，光靠我自己的手是无法完成的。

就在几天前，我在短时间内两次拥抱了陌生人。

一次是我在那霸搭乘公交车时发生的事情。

通常，乘坐公交车的时候我都会选择车辆左侧最前端的位置。因为这里视野开阔，很适合欣赏风光。同时这个位置就在司机的驾驶座旁边，距离投币箱和车门很近。

　　一位年迈的阿婆（冲绳会这样称呼老太太）坐上了这趟公交车。冲绳的公交车司机都很悠闲，在确认阿婆坐下来之前他不会发车，会一直等着。等到阿婆慢悠悠地找到位置坐下，司机这才重新发动了汽车。

　　车辆慢吞吞地穿梭于那霸的街区。到达目的地之后，这位阿婆准备下车，可是旧型车辆的前门台阶很高，她腿脚不好，根本下不去。

　　正好我就坐在车门附近，我便起身率先下了车，然后在下面揽扶着阿婆的手腕，打算扶她下车。可就算我这么做，她还是没法顺利踩到台阶。

　　无意识间，我伸出双手，穿过有些手忙脚乱的阿婆的腋下，将她一把抱下了汽车。

　　阿婆站定在路面上，她瞪圆眼睛，看着我笑了起来。

　　这之后没过几天，在某个街区的地铁站台，一位男性乘客把手机掉到了铁轨上，车站的工作人员便拿来机械臂试图帮他将手机夹起来，却怎么都夹不住那个又小又薄，表面还十分光滑的智能手机。

　　这位大叔尝试了许多次，最后他有些不耐烦地扔下了机械臂，抬头看向了显示电车到站时间的电子屏幕。在他确认下一班电车暂时不会到站之后，他突然跳下铁轨，然后捡起手机，直接递给了站在站台上正处于震惊之中的那位男性。

然而，这之后他怎么也没法重新爬到站台上。他用手撑着站台，向上跳跃了好几次都没能成功。

我想也没想就立刻朝他走过去，然后蹲在月台的最前端，把双手伸到大叔的腋下将他抱起来，然后放在了站台上。

在短短一周的时间里，我就这样拥抱了两个人。其中一次是将人抱下车，另一次是将人抱上站台。这可真是幸福的体验。

一般情况下，不仅是身体接触，就算只是配合他人的动作都会让我们觉得十分痛苦。然而，当你在意料之外的情况下与他人产生肢体接触的时候，令人不可思议的是，你会产生一种非常强烈的自我认同感与满足感。当然，这样的情况非常少见。

在某本书，或是漫画，又或是博客里，我读到过这样的内容：很多老人就算没有生病也会去看医生，其中有一个原因是——在问诊的过程中，医生会触碰自己的肌肤。说"没有生病"大概只是作者的一种偏见，我认为这并不符合实际情况。不过，我多少也能理解这些老年人的想法。的确，上了年纪之后，除了去医院就诊，老年人身边再没有其他会直接触碰到自己身体的人。

我出生于昭和[1]年间，上小学的时候我们都会学习书法和算盘。上书法课的时候，老师会站在身后握着我的手一起写字。我很喜欢这样的做法，每次我都会舒服得头皮发麻。当然，这和性方面的快感毫无关联。我只不过是因为被他人温柔地触碰而发自内心地感到舒畅。

一般来说，和他人之间的肢体接触都是让人痛苦的。可有的时候，这样的接触又会让我们觉得十分惬意。这一点让我觉得很不可思议。

我上中学的时候，曾有过在市民游泳馆里溺水的经历。当时在泳池里，等我注意到的时候，自己已经去到脚无法碰到地面的深水区，不会游泳的我立刻就陷入了恐慌，手脚拼了命地上下扑腾……这之后的事情我就不再记得了。等我恢复意识的时候，已经躺在水池旁边，周围围着好多大人，他们全都低着头，一脸关切地看着我。

据说是游泳馆里的救生员救了我。当我即将沉入盛夏时期青蓝色的水底之时，有人伸出援手解救了我。托他的福，我没有死在那个夏天。我想，在那个时候，在只能听到气泡破裂的水底，我从一位素昧平生的救命恩人手中，接过了他亲手递来的"泥偶和盆栽"。

---

〔1〕"昭和"是日本第124代天皇在位时所使用的年号，使用时间为1926年12月25日—1989年1月7日。

流经丝兰的时间

换句话说，我们将感觉不到时间流逝的状态称为快乐，将能够感受到时间流逝的状态称为煎熬。

可事实上，比起快乐，痛苦的时候我们的确更能清晰地感受到时间正在一分一秒地流逝，因为只有在忍耐着剧烈的痛苦的时候，我们才能无比明确地切实体会到，我并非他人，只是我自己。

　　很久以前，我从公交车窗外看到了一幕令我久久难以忘怀的光景。那一天下着雨，公交车经过了一个因为破产而被封锁的加油站。在加油站的办公室里，有一棵巨大的丝兰[1]被放在距离窗口很近的位置。因为没有人给它浇水，丝兰早已枯萎，茎叶也变成了茶褐色。仅仅隔着一面玻璃窗户，窗外下着大雨，而在窗户的内部，一棵丝兰因为缺水而死。

　　几年前，在前往某一处团地进行生活史的采访调查的时候，我遇见了一位年长的男性。

　　他出生于乡下一个贫穷的家庭，在经历了各种各样的颠簸之后来到了关西地区，进入暴力团伙的底层，主要依靠在赌马赛场倒票维持生计。之后，他又经历了不少的波折，在我进行采访的时候已经金盆洗手，一个人过着安静的生活。

---

〔1〕　百合科丝兰属植物，又名软叶丝兰、毛边丝兰。茎短，叶片近似莲座状，花朵为白色，原产地为北美洲。

在讲到自己的人生经历的时候，他反复念叨着"honkon"这个词语。根据他说的话来判断，这个词语似乎是指监狱。当时的我也有些迷糊，想当然地认为这是个表示监狱的黑话。于是我反复问着一个非常愚蠢的问题："请问是哪里的 honkon？"每次听到我的问题，他都会反复解释，"不，我说的是香港"。

在采访的过程中，我才终于明白了他的意思。

"你说的 honkon 是指香港的监狱吗？"

"是。"他这样回答道。

包括与他熟识的自治会的工作人员，还有周边的熟人，以及亲密的友人，都不知道这件事。在我进行采访的过程中，他才第一次将自己的这段经历和盘托出。当时，他因为贩卖兴奋剂，在香港被当地进行卧底搜查的机关逮捕，然后在当地的监狱被关押了整整十年。

他非常详细地向我描述了他在香港监狱里的经历。他告诉我，自己在监狱里得了脑梗，左半边身体几乎瘫痪，却因祸得福，回到了日本。现在的他得到了政府的经济援助，才在这小小的团地里有了自己的居所。

因为贩卖违禁药品而被逮捕，之后在异国他乡的监狱里度过了十年的时光。我有时会忍不住去思考要如何向他人描述这样的情况。而我又要如何去理解，这十年的时光究竟有多么漫长。说到底，我所思考的重点在于如何理解"时间的长度"。

我们都是孤独的。在我们的脑海中，每个人都极其孤独。

不管多么相爱的恋人，不管多么亲密的朋友，他们都不可能进入我们的大脑中和我们一起玩耍。

几年前有一部漫画（菅原壮太[1] 所创作的《五亿年按钮》）曾风靡一时。故事里出现了一个只要按下去就能得到五百万的按钮。当然，想要得到这五百万是必须满足某个条件的。在按下按钮之后，你的意识将会前往一个空无一物的空间。而你必须独自在这个空间里生活五亿年的时光，在这片荒芜中静静地等待时间流逝。五亿年过去后，你又会回到按下按钮的这个瞬间。在这一刻，你所经历的过去五亿年的记忆会被彻底清除。

从结果上来说，真实的你最终只记得"按下按钮然后得到了五百万"这个事实，可就在这一瞬间，另一个你只身前往荒无人烟的空间，且不得不在那个荒芜的世界度过五亿年的时光。因为在五亿年过后回到现实的那个瞬间，之前的记忆全都会被清除，所以这段"时间的长度"在回归的这个瞬间将不复存在。而读者需要做出的选择就是，在知道回来的时候会被消除过去这五亿年的记忆的情况下，是否按下这个按钮。

这个漫画也就只是前半部分的内容比较有趣，尽管故事后面主人公确实度过了五亿年的时间，可故事的内容却是，"在无比漫长而孤独的时间的尽头，主人公悟出了真理"。这种随处可见的情节真是一点也不有趣。不过，故事前半部分对于这个抉

---

〔1〕 菅原壮太（1979—），出生于日本东京都，是一名多媒体创作者。

择的描述确实具有强大的威慑力。

如果是我的话，我不会选择按下按钮。

在手冢治虫的漫画作品《火之鸟》的未来篇之中，故事的主角因为拥有了火之鸟的力量而得以永生，尽管这并不是他本人的意愿。就这样，在整个世界都被最后一场战役彻底毁灭之后，他不得不独自活着，孤独地度过几亿年的时光。他也曾尝试制作机器人和人造生物来排解自己的孤独，可计划却屡屡失败。到了最后的最后，他独自一人站在无人明明的海角上，将一杯装满了蛋白质的"汤汁"倒进大海里。数亿年后，这片海洋里诞生了最初的生命……

此外，在漫画《哥普拉》[1] 中，出现过一种审讯手段，即"感官剥夺"（Sensory Deprivation），并在受讯者的感官消失后，将其监禁数日。包括经典电影《约翰尼上战场》，也有着同样的中心思想，甚至更为深刻。

除了这些，还有许多以"时间的流逝"为主题所创作的作品，它们的共同之处在于，感受时间的流逝是非常痛苦的。换句话说，我们将感觉不到时间流逝的状态称为快乐，将能够感受到时间流逝的状态称为煎熬。

我并不清楚感受到时间的流逝为何会让人觉得痛苦。可事

---

〔1〕 由日本漫画家寺泽武一（1955—2023，著名漫画家手冢治虫的弟子）所创作的科幻漫画。

实上，比起快乐，痛苦的时候我们的确更能清晰地感受到时间正在一分一秒地流逝。只有在忍耐着剧烈的痛苦的时候，我们才能无比明确地切实体会到，我并非他人，只是我自己。就好像眼睁睁看着水滴一滴一滴地从水龙头落下来的画面，我们会因为自己的痛苦而"感到疼痛"。

在感受着痛苦的时候，我们才是真正的自己。活着的每一分每一秒，我们都在诅咒着无法成为他人的自己。

当然，也不仅仅是痛苦，我们身体所产生的任何感觉其实都把我束缚在了我的身体之中。

二十多岁的时候，我花了四年的时间在建筑工地做临时雇佣工。诚然，在那之前就连体育活动都不会主动参加的我，自然从未接触过这样的体力劳动。当时的我骨瘦如柴，个子倒是长得很高。在我大学毕业之后，发生了不少的事情，这使得我想要尝试逼一逼自己。于是，自出生以来，我第一次买了体育新闻报刊，然后在求职专栏寻找着有关建筑拆迁的工作和各种杂活，还会给附近的工地打电话。于是他们叫我第二天就去干活。我人生第一次走进专门出售工作服的服装店，然后买了看上去比较朴素的工作服、宽松的灯笼裤、分趾袜和长靴。

早上六点半，我骑着自行车前往工人们居住的活动板房。结果人刚到，就被安排乘坐运货车，于是我就在没有得到任何说明的情况下被带入了施工现场。直到现在我都清楚地记得，那天早上，当我第一次进入从事体力劳动的施工现场的时候，心中所涌动的那阵强烈的恐惧。

不仅仅是建筑工地，我在遗迹的挖掘现场也工作了很长一段时间。当然我并不是作为调查人员或是研究人员，而是负责进行挖掘的土木工人。在持续做了几年这方面的工作之后，我的体格也有了变化。

最开始我去的是正在建设中的"岸和田市民医院"，这之后我又去了几个不同的工地。其中某个工地令我印象十分深刻。在规模庞大的制铁工厂的某个角落里，我们正在进行设备重建工作。那个时候，大家每天都要搬运数百袋四十公斤重的水泥，到中午休息的时候，我已是精疲力尽，就连吃午饭的力气都没有了。我瘫坐在椅子上，坐在我旁边的监工声称自己曾经是暴力团伙的成员，操着一口九州话反反复复地讲段子。他也会叮嘱我，制铁工厂周边喷出来的水蒸气温度高达两千摄氏度，让我一定要多加小心。

在参与体力劳动的过程中，我渐渐意识到，与其说这是一份出卖体力的工作，倒不如说这是一份出卖时间的工作。在规定的时间进入工地，坚持做着单纯的体力劳动，转眼间到了下午五点，一天的工作便结束了。工作时间如果是八个小时的话，那么在这八个小时的时间里，我的意识始终被困在天气好热、东西好重以及身体好累的感觉之中。在这个过程中，我虽然也会有一些情绪上的起伏，比如说有时我会被监工训斥，有时我自己也会训斥完全派不上用场的新人，但大部分的工作时间里，我只会觉得东西好重、天气好冷以及身体好难受。

有过这样的工作经历之后，我认为这种体力劳动的本质就是让身体在一定的时间里一直重复着相同的感受。在实际工作中，我的大脑也的确在重复着同样的感觉——东西很重、天气很冷、身体很痛很辛苦。这些感受我无法施加在别人身上。只不过，这些痛苦能够转化为我的收入。

当然，这种感受未必是完全的痛苦。人们甚至会从其中感受到快乐。即便如此，它依旧是一种足够换取相应收入的行为。这样想来，出卖体力的工作，也可以说是出卖感受的工作，而出卖感受的工作或许也可以说是出卖"不停地重复这个感受的时间"的工作。

时间的流逝令人痛苦万分。这一点，我是在某个工厂从事流水作业的时候才切实体会到的。很久之前，我曾在一间规模很大的啤酒工厂工作。这间工厂地处大阪与京都之间。我当时的工作时长为八个小时，在这段时间里，我会一直坐在传送带面前完成非常简单的手工作业。装满啤酒的易拉罐以六罐为一组，每个易拉罐的容量为一升，它们会通过传送带来到我的面前，而我的工作内容就是将赠品贴在左上角那个易拉罐的拉环处。需要用贴纸固定在易拉罐上面的赠品是一个能够发出的声响的酒嘴。

在我坐着的椅子右后方放着一个小小的塑料袋，里面装着大量的赠品酒嘴，每当有六罐一组的啤酒从前方传送到我的面前，我就拿起一个赠品，然后撕开贴纸的背面，将它贴在啤酒罐上固定的位置。

这就是我全部的工作内容。除了几次时间较短的休息之外，我几乎要在八个小时的时间里不断重复这样的操作。

我只做了一天，自然没有得到薪水。

除了痛苦，相似的香气、味道、声音、舌头或者手指的触感等感受都会让我再次回想起（即便我不情愿），自己正处于时间的流逝之中。就比如说，只要没有消除痛苦的原因，人就会一直处于痛苦的状态之中。这样的状态不会自行中断，也不会变成其他的事物，我们更无法通过意志来控制痛觉。当我们感到痛苦的时候，我们始终会被这样的情绪所支配。在忍受着痛苦的时候，我们的大脑也同样深陷痛苦无法自拔。倒不如说，我们已被痛苦吞没，并成为痛苦本身。"我的大脑感受到了痛苦"，这个说法多少有些欠妥。在痛苦的时候，我们并不是在感受痛苦，我们只是在痛苦而已。

人在忍受痛苦的时候往往都是孤独的。不管有多么相爱的恋人，或多么亲密的朋友，我们都没法将自己所体会到的剧烈痛苦从大脑中剥离，然后转移给他人。没有任何人可以真正进入我们的脑中，与我们感同身受，体会我们正在感知的痛苦。

就算是在与他人进行肌肤之亲的时候，我们也没法体会到对方的快感。就连紧紧相拥的时候，我们也只能感受我们各自的感受。

这种恐惧，就仿佛是在漆黑的夜晚潜入水中，冰冷的海水没过脚踝，而后渐渐淹没整个身体。在什么都看不见的海水之中，我们的脚趾触碰到了某种非常柔软的事物。

　　我感受着时间的流逝，换句话说，这表示我一直在重复着这种感受。就比如说，在我身上过去了十年的时间，也就是说我在这十年的时间里不断重复着同样的感觉。当然，这种感觉未必就是痛苦。只是活着这件事本身就意味着你在不断重复某一种感觉。

　　让我们来想象一下在某个人身上流逝的十年光阴。我们可以想象的是，这表明这个人在过去的十年里不停地重复着某一种感觉。可我们没法与他共享这样的感受，我们只能知道一个非常单纯的事实，那就是——在我们身上所流逝的十年光阴，也同样从他人身上悄悄溜走了。

　　在进行关于生活史的采访的过程中，呈现在我眼前的事实便是，从这个人身上流走的漫长岁月，它与我自己所经历的过往截然不同。每次想到这一点，我都会感动不已。特别是之前提到的有关"香港"的那次采访，它让我反复思考这样一种情形——连续不断地感受时间在自己身上一分一秒地流逝。尽管我们可以去想象在监狱里待上十年是怎样一种情形，可我们永远无法真正地感同身受。面对着在我眼前用平淡的语气断断续续地讲述自己经历的这位男性，我一直在思考，我要怎么做才能更真切地体会到，他所经历的那十年的时光有多么漫长。

可仔细想来，我不也和他一样度过了这十年的光阴吗？这本是理所当然的事情，可是在采访结束之后，我反复思考这个问题良久，最后才意识到这点。

当然，并不能说我们完全没有"共享"这十年的时间。我也并不是因为这一点而深受感动。说到底，这个理所当然的道理我并不曾向任何人提及。

只不过，我总觉得，正因为他度过的这十年也是我的十年，我们之间才产生了一场不需要语言和情感交互的无声对谈。

就在隔着那棵枯萎的丝兰不到一米的距离，一场大雨倾盆而下。丝兰原本就是一种抗旱能力很强的植物，想必在它枯死之前的那段时光一定流逝得十分缓慢。被监禁在某个地方感受生命的流逝，或是像丝兰一样慢慢地枯萎而亡，这两件事都存在着同一根源的恐惧。

然而，时间的流逝也不是只会带来痛苦。在不加入任何感情色彩的情况下，我们依旧可以与他人分享我所度过的这段独一无二的时光。通过这样的方式，我们可以与他人分享自己所感受到的孤独，以及每个人所度过的不同的时光，这也会让我们意识到，正是这些独一无二的时间构成了我们每一个不同的个体。

每个人都会度过一段不为人知的时光，即便我们不能令他人感同身受地共享这段岁月，但我们都知道，这样一段时光曾真实印刻在我们的生命中。

夜间大巴的电话

那个时候的我很年轻，也很单纯，只要觉得这个人很有趣，好像和之前遇到的人都不一样，就会忍不住开启与他交往的旅程。

　　2007 年左右，我在位于大阪市内梅田地区的一家小小的歌舞厅采访了一位女性。这段采访内容很长，这里我只选取了其中的某些片段。

　　——你现在几岁了？
　　——三十岁，今年刚满三十岁。我出生于 1977 年 12 月。

　　——你是在大阪市出生的吗？
　　——不是，是小仓市。

　　——小仓市？是在北九州市吗？
　　——对，是北九州市[1]。确切地说也不是小仓市，大概就在那附近吧。不过说是在那附近，其实也还有一段距离，算是在

---

〔1〕 位于日本福冈县北部的一座城市，是九州地区第二大城市。

乡下吧。到今年，我来大阪市差不多也有整整九年了。

——那么你是几岁来的呢?

——二十一岁。

——在二十一岁之前你一直都待在小仓市吗?

——高中毕业之后，我一直在当地做上班族。我做过百货公司的文员，还有银行职员。

——银行职员应该收入很高吧? （笑）[1]

——是的。(笑)那时我和父母住在一起。

——想问一下你的家人……真是不好意思，像我这样刨根究底……

——没事，没关系。

——那么，你的父母?

——是，他们都还健在。此外我还有一个姐姐和一个弟弟。

---

[1] 一种在日本的访谈类文章中经常使用的表达方式，用以反映发言人或是听众在交谈过程中真实的情绪变化。

——你为什么会来到大阪市？

——因为我和一位大阪人结了婚。当时我去参加了一个模仿电视节目"NELTUN"[1]举办的相亲活动。正好那个活动到了当天都还可以报名。为了打发时间，后来成了我的丈夫的那个男人就这样参加了这个活动。活动是在一家酒店举行的。他刚好来小仓市出差，当时就住在这间酒店。他经常来小仓市出差，也包括周边地区。

——你当时就觉得他不错吗？

——其实是对方觉得我还不错。不过我当时并不知道他是大阪人，只是觉得他还挺有趣的。那是在我二十岁左右的时候吧。我是因为朋友叫我陪她一起去，才跟着去的。（活动）就像是那种没有座位，大家都站着吃东西的自助餐派对，还有一个主持人。他（主持人）一直在对我们说："要是遇到了喜欢的人，请主动上前打招呼吧！"

以前那个叫"NELTUN"的综艺节目不是很流行嘛！那个时候我正好十八九岁。我想那会儿应该还没有停播吧。我记得电视台还有播放这个节目。不过应该也是快要停播的时候了

[1] 节目全称为"NELTUN 红鲸团"，是一档日本早期的婚恋相亲综艺节目，于 1987 年至 1994 年间播出。虽为深夜节目，在 1989 年至 1993 年间的收视率却位列日本综艺节目年均收视率前五。节目标题"NELTUN"也成为集体相亲活动的代名词。"NELTUN"是负责主持节目的搞笑艺人组合 TUNNELS 的名字的倒装形式。

吧！没错，这个活动就是在模仿那个节目——包了一间酒店的房间，然后做成节目里那种相亲派对的形式。

——你们马上就开始交往了吗？

——是的，我们差不多交往了一年的时间，然后就结婚了。结婚之前我们一直是异地恋，他在大阪市，我在小仓市。他还比我大八岁。

——他有向你求婚吗？

——有的，他直接对我说："我们结婚吧。"毕竟一直都要两地来回跑，这对我们两个来说都挺麻烦的。大阪人大多数不是都很风趣幽默吗？就性格上来说，他和我在小仓市的乡下认识的人是完全不同的类型……而且，那个时候我很年轻，也很单纯，只要觉得这个人很有趣，好像和之前遇到的人都不一样，就会忍不住开始和他交往。

——如果一直生活在乡下这个狭小的世界里……

——就是因为一直生活在这个狭小的世界里，只要遇到了一个稍微有点和大家不一样的家伙，就会忍不住被对方吸引。不过也是因此，我们很快就离婚了。刚结婚一年就离婚了。

——啊，这是真的吗？

——是的。我在二十一岁的时候和他结了婚，一年后就离婚了。

——结婚的时候，你的父母有表示反对吗？

——啊，他们非常反对。我和父母聊过之后，觉得这样下去根本不可能结婚，我就向银行递交了辞呈。不过在正式离职之前，我还要再继续工作一个月左右。就结果来说，我一月递交的辞职信，最后正式离职是在三月。当时我二十一岁。我一直在老家待到了三月，离职两天之后，我就马上跟人私奔了。我当时觉得，在老家再也不会遇到比他更好的人了。就算继续这么纠缠下去，父母也不会答应。不过我还是给他们打了电话，在坐上奔向他的夜间大巴之前。

——好厉害，就好像电影一样。

——在坐上大巴之前，我只单手提着一个包，因为其他的行李我全都已经寄出去了。早就偷偷地一点点寄出去了。虽然家里人有怀疑过，不过我还是全都寄了过去。

——你是从乘坐夜间大巴的地方给家里打的电话？

——没错，我对他们说，我不会再回到家里了。然后他们都很惊讶，问我工作要怎么办，我就说其实我已经辞职了。

——你的父母连这件事都不知道吗？

——是的。所以他们听到之后都特别的惊讶。不过我又对他们说，我会和你们保持联络的，所以这次就对我网开一面吧！然后我就走了。这之后大概有一个半月的时间我都没有联系他们。在那之后，我马上就和那个人登记结婚了。不过那个时候，我们暂时还是住在他的公司给他安排的宿舍。他说等存够钱之后就搬家，因此我们就暂时住在他的员工宿舍里。当时我们手里的钱虽然足够我们两人生活，但是却不足以让我们去支付（租房子所需要的）保证金[1]。

——于是你住进了宿舍。

——是啊，他们公司的宿舍。我当时一边做家庭主妇，一边在外打工。

——你在大阪有朋友或是熟人吗？

——啊，我有亲戚住在大阪……不过，在那段时间，我其实完全没有和他们见面。在我和家人联系之前，差不多有一个半月的时间完全没有接触除了我丈夫以外的任何人。那个时候，

---

[1] 这个说法主要用于日本关西地区，指代租客在租房时需要向房东支付的一笔费用，在其他地区通常被称作"押金"。两者的不同点在于，押金的金额一般等于一个月的房租，而保证金至少是两个月的房租，有的住房的保证金甚至会收取房租数倍的金额。

只有电视机是我的好朋友。

——结婚典礼呢？

——没有办。

——完全没有举行任何的仪式吗？

——是的。

——最后是什么原因促使你离婚的呢？

——在一起生活的过程中，我才发现他有很多恶习。他会赌马、赌赛艇……虽然他也会把收入的一部分留给家里，可是当他觉得钱不够用的时候，就会让我把这些钱给他。我当时就在思考，明明是他主动交给我的，可最后还是会被他要回去。结婚之前我完全没有想过他居然是这样的人。

然后我就在想要是和这个人生了孩子，日子根本过不下去。我现在只有二十一二岁，还可以重新开始。因此，我就决定趁着还没有生孩子赶紧分手。

就这样，我开始瞒着他埋头打工——在家附近徒步五分钟以内的地方，然后一点点地开始存钱，为离开这个家做准备。我就在一起生活的那一年之中，差不多刚过了半年，就觉得这样下去不行。不过到我们分开的时候，我还是没有攒到足够支付保证金的钱，于是我就跑去亲戚家借住了。

——是你之前说的在大阪的亲戚？

——嗯。因为我丈夫一直不肯在离婚协议书上签字，我只能一直待在大阪。

——在做好了私奔的准备之后顺利私奔，接着发现问题后又立刻开始做起离婚的准备，感觉你真的是个非常果决的人。

——不过，那个人控制欲特别强。一天之中会往家里打好几个电话，就为了确认我是否在家。

——可你不是在打工吗？

——所以后来，我打工的事情被他发现了，他一直要我辞掉这份工作。但我觉得，光是依靠他的话，我是没法存下钱来的。不过他每次都会叫我辞职，因为他不希望我和其他的年轻男人打交道。我只能反复跟他解释，说那样的事情从来没有发生过，可他还是会叫我马上就去辞职。

毕竟我一直待在家里，偶尔也会想要找个人说话。要是去打工的话，不仅可以赚到钱，还能交到朋友。因为我来到这边的时候根本没有一个朋友。可是我的丈夫始终无法接受这一点。他只会一味地阻止我，不让我在有年轻男人的地方工作。差不多就是在那段时间，他发现了我在外面偷偷打工，然后我们就一直在吵架。他会说："为什么你要偷偷地做这种事情？"而我只能这样回答："因为你不允许我这么做，所以我只能瞒着你偷偷打工。"

——他喝了酒之后会对你动手吗？

——这个倒是不会。他虽然会喝酒，但不会打人。

——在分开之后，你们还会见面吗？

——在分开之后，过了一个半月，他终于在离婚协议书上签字了。那也是我和他的最后一次见面。

——那你也不知道他现在人在哪里？

——是。不过他老家就在大阪，我想他应该一直都待在大阪吧！

——那他估计现在也生活在大阪的某个地方。

——应该是。毕竟离婚的时候我只有二十二岁，对方却已经三十一岁了。

——他纠缠了很久吗？

——纠缠了一个半月他就放弃了，然后在离婚协议书上签了字。在那之前，他一直在给我老家打电话。因为我觉得告诉他我还在大阪不太好，就骗他说我已经回老家了。他在电话里说了好多遍想和我重归于好，想和我重新开始什么的。不过最后他还是放弃了挣扎，乖乖签字离婚。

——感觉你意志非常坚定，并且一直都很清醒。

——是的，因为我觉得自己和这个人在一起是没法得到幸福的。

——原因还是在金钱方面？

——是，如果继续和他维持着这段婚姻的话，再过几年，大概就会生孩子吧。可是现在我们的生活已经过得十分拮据，要是有了孩子，以后的生活肯定会变得更艰难。所以我就想，趁自己现在还年轻，还可以重新开始，那不如就干脆一点，彻底和他一刀两断。

——那之后你一直待在大阪吗？

——是的。因为我觉得回了老家，就算想要重新步入职场的话，也未必能找到工作。而且，我好不容易有机会来到大阪……其实我原本是想要去东京的。我一开始的计划是，在老家待上两三年，攒一些钱，攒够保证金之后，就去东京或者大阪找工作，却没想到在那之前就遇到了我的丈夫，于是我就这样来到了大阪（笑）。既然好不容易来到了大阪，也算是实现了我想要去这两个地方其中之一的梦想。我就想暂时先留在这里，看看自己可以做点什么。

——也就是说你很想离开家乡？

——可以这样说。因为我想要做一些和别人不一样的事情。在乡下的话，很多人就会因为父母的反对而留在家乡。该说是乡下的气氛让我觉得有些违和呢，还是该说，如果一直待在这种小地方，想要做些和别人不一样的事情需要鼓起非常大的勇气呢？在乡下这样狭小的地方，人终究还是很难表现出自己的个性。

——和他分手之后的生活呢？

——这个嘛，我开始在一家旅游公司工作。主要是负责宣传推销方面的业务，那可真是太辛苦了。我被要求跑去各种各样的公司做推销。刚开始做这份工作的时候我只有二十一岁，就算真的叫我去带旅行团，也会让客人觉得很不可靠。所以我主要是在给那些主任级别的领导当助理，负责协助他的工作。同时还要做一些杂活。工作了一段时间之后，我也渐渐变得能够独当一面。毕竟我当时住在姑妈家里，不出去工作怎么行，于是我很快就找到了工作。

——这份工作你做了很长时间吗？

——做了大概一年多，不到两年吧。

——也就是说，你在姑妈家住了一年之后就离开了。离开之后，你还在旅行公司工作了大概半年的时间是吧？

——是的。我又和新的交往对象同居了。从那个时候开始，一直到现在，我都和他住在一起。

——这么说的话，你和这个男朋友交往的时间还挺长的啊。

——是啊。在我快要二十三岁的时候开始交往，到现在为止，确实已经很久了。

——这位是你还住在姑妈家的时候认识的吗？

——是在那段时间认识的。我其实一直都没有什么像样的兴趣爱好。在和前夫一起生活的时候，我就发现自己没有什么兴趣爱好。不过高中的时候，我是学校棒球队的经理，我想在大阪的话，应该会有机会去看阪神老虎棒球队的比赛。正好，我在大阪交到的朋友里，有一个女孩很喜欢看棒球比赛。于是我便让她带着我去看了一场棒球比赛，还挺有趣的。然后在去看比赛的过程中，我们又遇到了从别的地方赶来看比赛的几个男人，其中就有我现在交往的男朋友。

——你们是在比赛会场遇见的吗？

——是的。不知道算不算是被搭讪了。那个时候我的钱包丢了，就在我有些不知所措的时候，他说帮我一起找……然后我们就顺利找到了钱包。因为发生了这个插曲，他就邀请我和他一起观看比赛。于是我们就顺理成章地一起看了这场棒球比赛。比赛结束后，我们又约上了各自的朋友，一起去吃饭喝酒。

——真的很像电视剧里的情节，包括私奔在内。

——虽然这并不是我的本意，不过朋友们也觉得我的人生很有趣，充满了戏剧性。

——你是在住进姑妈家不久之后就遇到了这个人的吗？

——是的。那之后我一直住在姑妈家，同时也在和他交往……过了一段时间他就来问我要不要一起住。其实，我当时欠了很大一笔钱，有三百万左右。

——这是为什么？

——这个嘛，其实我在十七八岁的时候，比现在胖整整二十公斤，当时为了减肥，我选择了去医疗美容诊所。

差不多就是在十七八岁，高中毕业的时候，我就去了医疗美容诊所。虽然也不是非法经营的场所，但我还是在那里花了很多钱。因为对方一直跟我说，可以让我美美地瘦下来。实际上我同时也去了健身房和游泳学校，所以我确实是瘦了下来。

而且瘦下来之后一直都没有反弹。就像这样，有些事情一旦开始了就完全没法停下来。当时我为了减肥到处花钱，不知不觉就欠下了三百万的债务。我想，要是告诉别人我因为做美容而欠下了三百万的话，对方一定会被吓到的，所以我就一直没有说出口。

——你的前夫他知道这件事吗？

——不，他并不知道，毕竟有三百万呢。那个时候我自己打工也有一定的收入，所以我每个月都能按时还完分期的金额。然而，在开始和现在的男朋友同居的时候，我突然意识到，这样下去的话，我不知道还需要坚持多少年才能还清这三百万。我觉得这肯定是一件非常困难的事。

那个时候我经常读报纸和杂志，从这些上面，我知道了一些和现在工作相关的行业。其实，就算想买专门介绍这种工作的书，我也不知道要买哪一种。我是从体育报纸上知道的。我很喜欢体育，经常在家里看体育类的报纸。然后我就想着，上面介绍的这家店的员工看起来好像都挺好的，感觉自己也能做下去。不过以防万一，我也去参加了别的店铺的面试，结果他们全都跟我说，你明天就可以来上班了。最后面试的第五家店的工作人员人特别好，还有面试官也很好。当时，店里有和现在的我同龄，大概就是三十岁的大姐姐在上班。她对我说，她当初就是打算这份工作只做到三十岁，所以才会在这家店里工作。她还说会教我怎么做这方面的工作。

她说："上面的人想要培养新人，给店里带来一些新鲜的刺激。像你这样完全没有做过这方面的工作的人，很适合我们今后店内的新风格。领导也吩咐我一定不能错过像你这样的应聘者"。

听到她这么说，我心里还是有些担心的，很怕自己做不好，也不知道具体的工作内容是什么。可是对方给我的回答却是："如果可以的话，希望你能从明天开始上班。"

我去面试的其他店铺，包括规模比较大的地方，他们都会非常仔细地对我进行说明。可我毕竟没有做过这一类的工作，还是会感到不安。最后面试的这家店算是稍微让我没有那么紧张的。所以我最后就决定在这家店工作了。

——你现在的男朋友知道你在做这方面的工作吗？

——不，他并不知道。我是瞒着他偷偷做的。而且令我十分惊讶的是，这份工作让我在一年之内还清了所有的欠款，比我预想的两年时间短了许多。

——如果没有这笔欠款，你是不是就不会选择这份工作了？

——是的。因为，我一直觉得自己没什么吸引力……该怎么说呢，比如说理解男人的想法，然后将他的注意力转移到自己身上，这些事对我来说应该算是很难攻克的难题。因此，我是绝对不会认为自己可以胜任这样的工作的。如果没有这笔债务的话，我估计会成为一名很普通的白领吧！这个行业对我来说真的是很难的，是非常困难的一类工作。所以，我刚开始做这份工作的时候真的是一点也摸不着头脑。包括指名制度[1]什么的，这些我也完全不了解。就算如此，我还是遇到了会特地选我的客人，他大概是很喜欢我吧！不过我是真的没想到居然会有人喜欢我（笑）。

——你现在是瞒着男朋友在偷偷存钱吗？

——是的，要是被他知道了可不行。

——该说你会是位好妻子，还是该说你是一位很要强的太太呢？

——说到要强……其实很多从事陪酒工作的女生都会有种自己是老板的感觉，所以大部分人的性格都很男性化。不过我的男朋友会把他的工资交给我，所以表面上还是他在养我的。

——算下来你们同居了很长的时间，不打算结婚吗？

——确实有聊到过结婚的话题，可我毕竟已经失败过一次，

---

〔1〕 是日本风俗类行业的一种营销制度。当店内的常驻客户有自己喜欢的店员之后，会在进店消费的时候指名让该位店员来为自己提供服务，这同时也会带来店员之间的竞争。

所以我不太想结婚。况且，我现在还在做着风俗行业的工作，如果不彻底辞掉这份工作的话，我觉得我暂时还是不要结婚比较好。要是在结婚后被对方发现"你居然在做这种工作"，那我恐怕又要离一次婚了。我觉得离婚的经历有过一次就够了。

——男朋友有跟你提过想要结婚吗？

——他有跟我提过，我也把自己的想法告诉了他，说我完全没有这方面的想法。当时我非常认真地对他说："如果你无论如何都想要结婚的话，还是选择其他人吧。"

——居然会把话说到这个份上？

——对。大概在我二十五岁的时候吧。不过我们之间的相处模式其实也和夫妻差不多了。我们在一起也有七八年了，和真正的夫妻也没什么两样，只不过是没有领证而已。所以，当我遇到那种比较难缠的客人的时候，我就会告诉他我已经有老公了，虽然这只是我的人设，但也不能算是在说谎。毕竟我现在这个年纪，就算有孩子也不奇怪。

——这么说的话，你有要孩子的打算吗？

——我也不是一点都不想要孩子，不过暂时还没有计划。但我还是挺喜欢小孩的。

——孩子是很可爱的。

——嗯，很可爱。

忠于普通的决心

所谓的少数派，就是总会成为被他人贴上「标签」的群体。

　　就在不久前，我发现了一个十分奇妙的网络博客，这个博客的内容也相当精彩。

　　不过，这毕竟是个私人博客，我想还是不要直接把对方的网址放出来比较好。这个博客已经坚持更新了四年，作者是一位年迈的变装者（cross-dresser），也就是说他会穿着一些异性的服装。在他发布的那些很像是日记的文章中，通常会插入一些他本人的照片，照片上的他都会穿着年轻女性的服饰。

　　出现在博客里的照片要么是他在古代城堡或是日式庭院之类的"名胜古迹"所拍摄的游客风格的人物照，要么就是他通过软件将自己的生活照与这些景点组合在一起的合成照片。

　　而博客里的文章，大部分都在讨论时事问题以及自己身边的社会问题，又或者是关于艺人的话题，以及他本人对一些新闻报道的评论。他发表的并非是一些过激的政治言论，所有的文章内容都十分妥帖。

比如，他会用平淡的语气讲述着关于天气、洗衣服、换床单的日常；也会聊起一些发生在身边的小事；会对新年里无趣的电视节目以及艺人们低俗的谈话内容表示失望；会为在国际舞台上拼搏着的日本运动员加油；也会通过引用酒后驾驶造成事故的新闻，规劝他人适量饮酒。

　　此外，他也会提到一些更加复杂的政治形势和经济问题。比如，他会批判美国独断专行的中东政策，也会因为安倍首相提出的灾后复兴支援政策始终没有取得新的进展而感到愤怒。自私自利的政治家和毫无人性的官僚让他愤愤不平，被虐待致死的儿童的新闻使他痛心疾首，他也会忍不住叹息道："这个世界疯了。"

　　同时，他还会为遭遇事故意外身亡的孩子们祈祷冥福，也会怀念起自己曾经养过的猫猫狗狗。时不时地，他还会在博客里摘录一些喜欢的歌词。

　　时事问题，关于突发事件、各种事故以及灾害的话题，身边的小事，关于曾经养过的宠物的回忆，名胜古迹、历史建筑、视野开阔的场所、著名建筑、风景优美的公园、漂亮的玫瑰园，以及扮成白领女性或是女高中生的模样，静静地微笑着站在原地的博主的照片……所有这一切全都安安静静地躺在这个博客里，没有任何的违和感，也没有任何多余的说明。并且，他从来不会在文章的内容里提及这些照片，就连这一点也使得这个博客成了非常独特的存在。

说实话，当我看到这个博客的时候，我内心某些先入为主的观点被彻底颠覆了。

我以为，当一位男性明确表示自己喜欢穿着异性服饰[1]的时候，他一定会在文章中聊到这一点。

这位博主并没有使用我们常说的"特殊用语"。他也没有饱含热情地向人们讲述穿着异性的服饰是怎么一回事。他只是使用着非常普通的日语句式，几乎每天都坚持写下一些关于天气或是新闻，以及娱乐性的文字。同时，他会在文章里插入一两张照片。不管是文章还是照片，都好像是傍晚风平浪静的大海一般，温和又安静，饱含着丰富的情感和温柔的视点。

在网上，有一些人已经注意到了这个博客的存在，并且对其议论纷纷。有的人会嘲笑他博客里出现的异装照片，可我却觉得，这个博客虽然非常的奇妙独特，但它内容也十分精彩。

简单来说，其实不过就是这么一回事——所谓的少数派，总会成为被他人贴上"标签"的一个群体。这一点想必大家都心知肚明。然而，当人们想要摆脱这个被贴上标签的状态的时候，事态又会发生怎样的变化呢？

这个博客正是一个实践这一想法的过程。尽管它的内容都是一些平常琐碎的个人言论，可它同时也是一场非常需要勇气

---

[1] 又名异装症，是恋物症的一种特殊形式，具体表现为对异性衣着特别喜爱，反复出现穿戴异性服饰的强烈愿望并付诸行动，由此可引发性兴奋或达到性满足。

去进行的"实验"的真实记录。

为了理解这一点，我们首先需要理解"标签"这个概念。

人们对于这个群体有着多种多样的称呼，诸如少数派(minority)、少数群体、当事人等等。我经常会去拜访这些人，并反复对其进行多次采访。当我们在思考这个群体的时候，我们不仅仅是在思考这些少数群体，我们同时也是在对多数派、普通百姓，或者说是"普通人"进行思考。

总的来说，我针对这方面进行过许多的采访取材，也思考了很长时间，最后我得出的结论是：所谓的"普通"其实根本就不存在。

这句话似乎有些老套，可我确实就是这么想的。

不过人们通常都会将这句话理解为：那些看上去很普通的人其实也面临着各种各样的问题和状况，从这个意义上来说，没有谁是普通的，大家都是很特别的存在。当然，这也是事实，可是这和我的想法有些不同。

我一直都在思考，究竟什么是"多数派"，什么是"普通百姓"。这意味着"在一个庞大的社会体系中，他们的存在不会被特别指出，或者说他们被认定为是不需要特别去提及的人群"。

"在日朝鲜人""冲绳人""残疾人"以及"性少数群体"，这些少数群体总是会被贴上这样的标签，被人指指点点，被单独提及。可是剩下的那些多数派就不会被贴上"日本人""内地人""健康的人"还有"异性恋者"之类的标签，也不会被单独提及，更不会被他人指指点点。因此，尽管"日本人"这个词语可以算作是"在日朝鲜人"的反义词，可是这两个词语根本就不在同一个层面上。可以说，其中一个词语是带有贬义色彩的，而另一个词语则不具有与此相反的色彩，它甚至从一开始就没有任何的颜色。

就比如说，人们可以讲述自己身为在日朝鲜人的亲身体会，却没有人会去讲述自己身为日本人的亲身体会。在日朝鲜人会有一些特别的体验，可是大部分的日本人并不会去考虑民族这个问题，他们对此毫无经验，也从来不会去思考这个问题。

这便是我之前所讲到的"普通"。所谓的普通人，他们对这些事情毫无经验，也完全不用去思考这些问题。

我经常会带着学生去大阪南区的酒吧观看性少数群体的演出。大部分情况下，女学生们都会非常开心。毕竟在那样的空间里，女性反而会更觉得没有拘束。

某一次，在表演的间隙，店里的一位演出者走到学生们围坐着的桌子面前，半开玩笑地说道："你们女生真好啊，就算不用化妆，穿着 T 恤出门也是女生。而我们非得化了妆，打扮得漂漂亮亮，才勉强像个女孩。"

我想，这正是"普通"的意味。

就算素面朝天穿着 T 恤，普通女性也能证明自己是个女人。而我们男性也是一样，我们完全不用去面对"你究竟是什么性别"这样的一个问题。当我们男人肆无忌惮地展现着各自的"自我"的同时，女性们也同样"作为女性存在着"。

那么，这些被社会戴着有色眼镜去审视，被贴上了标签的人群，他们究竟要怎么做，才有可能让自己也"变得普通"呢？

实际上，这正是各种各样的反歧视运动想要实现的一大目标。当人们在进行这类活动的时候，他们最初的目标往往都是号召人们撕掉标签，成为"无标记"的状态。可这同时也意味着，一部分人要否定自己的出身。比如说，生活在被歧视地域的人们仅仅因为出生在这个地方，或是生活在这个地方就会遭到歧视。那么，这里的人们最初会想到的解决办法自然就是，大家一起离开这里，从此隐瞒自己的身世活下去。

可是，一直隐瞒自己的身世活下去，这件事本身就异常痛苦。同时，这些人也会不断诘问自己到底是谁。因为一旦被人们贴上了标签，想要摘掉它并不是一件容易的事情。

因此，更加常规的做法应该是，保持被贴上标签的状态，然后逆转这个标签的价值，让它成为令人自豪的存在。也就是说，我们本应该学会克服这种歧视而不是装作不知道标签的存在。我们应当学会与"标签"共生。

重要的是，当人们试图去摘下这些被社会贴上的标签的时候，会引发许多复杂的问题。当然，要做出这种行为本身就需要莫大的勇气。

那么我们要如何去理解"被贴上标签"这件事呢？毕竟"标签"的存在就意味着当人们想要表达什么的时候，他们身上的标签就会被反复强调。

比如人们经常会在女性的头衔前面附加"女流"以及"女性"之类的词语进行强调，例如"女性律师""女流作家"，却不常强调"男性律师""男流作家"（与其说不常强调，不如说"男流"这个词语根本不存在）。据我观察，当媒体言及女律师或女政客的话题时，一定会强调她们是"女性"。

接下来，让我们想象一个异性装扮变成了司空见惯的现象的世界吧。在这个世界里甚至不会存在"异性装扮"这个词语。因为在这个世界，这样的着装成了一种非常普通的选择。一个普通人在自己的日记或者社交软件上撰写文章，同时附上自己穿着异性服饰的照片，人们完全不会对此感到违和。

这或许只是我个人的一种臆想，说得极端一点，那个博客就仿佛是在尝试着去创造一个这样的乌托邦。

如果是在一个异装爱好者随处可见，那是一种非常普遍的现象的世界里，这些异装爱好者在撰写博客的时候，理所当然地会写下一些关于时事问题和日常生活的琐碎文字，同时放上自己穿着异装的照片。当然，并不是所有人都会这么做，但我想一切一定会变得更加多元化，而这样的博客也不过是其中很普通的一种形式。

想要令被贴上标签的人成为彻底"无标记"的存在是很困难的。包括最开始提到的博主，也因为完全没有去触及自己的异装行为而使他变得与众不同。然而，这是他自身带着坚强的意识，为了"成为普通人"而创作出来的，他的作品充满了静默的勇气和热情。作为表达者，他并不去提及那枚被贴在自己身上的标签，仅是作为一个纯粹的表达者去表达自己的想法。这是被贴上标签的群体在表达自己的想法时最理想的一种状态。

当然，现实社会中的反歧视活动的目标与他的做法完全不同。这是因为，想要完全地除去标签并将它忘却是极其困难的。比较实际的想法果然还是我们要接受这个标签，然后学会与之共存。

这个博客依旧是一位异装爱好者处在如今的社会体系之中的一次尝试，同时也实现了博主本人的一个微不足道的梦想。这个博客没有记载他成为异装爱好者的起因、没有对自我认同的赞扬，也没有对这个压抑的社会的批判。他并没有在和任何人、任何事物进行抗争。可以说，他已经超越了这些斗争，在这个专属于自己的小小的网络庭院里，创造了一个从一开始就不需要和任何人进行抗争的世界。这里是一个谁都不会被他人指指点点的安稳祥和的世界，让他可以彻底忘记自己是谁，自由地进行表达。

同时，这也是我们对现代社会的一个伟大的梦想。

庆典与踟蹰

相遇有时也会成为一种暴力。

　　上大学的时候，我的妻子曾一个人居住在大学附近那条十分热闹的学生街[1]。那一年暑假，她没有回老家，而是留在大阪做兼职。某天深夜，她在便利店买东西的时候，发现有一位和她差不多年纪，看上去也是个大学生的男生一直在看着她。在她走出便利店后，那名男子也跟在了她的身后。尽管有很多大学生居住在这个街区，可当时是深更半夜，路上也没有多少行人。于是，她没有直接回家，而是向着相反的方向走去，然而那名男子也一直紧跟其后。

　　随后，她走进自己平时打工的音乐工作室，和同事聊起了天。她打算在里面待一会儿等那人离开，可是，直到她离开工作室的时候，那个男人依旧待在店门口。她走出去之后，那个人便继续跟在她身后。不管她绕了多远的路，那个人都一直紧紧地跟着她。

---

〔1〕 指在大学校区周边，有着大量租给学生居住的公寓和宿舍的街区。

最后她终于忍无可忍，转身对那人问道："请问你有什么事吗？"男人这才吞吞吐吐地开了口。他说自己身边的人全都回老家了，一个人觉得很寂寞，想要和她做朋友。

听到男人的回答，她气得不行，立刻对他大声吼道："你这样一直跟在身后，只会让我觉得害怕啊！"

接着那名男子突然撅起嘴巴，委屈地对她说："我不过是想和你交个朋友罢了。"说完这句话之后，他突然转身大步走开，把她一个人留在原地。

如果他们是在完全不同的情况下相遇的话，或许真的有可能会成为朋友吧。又或者说，正是因为他只能通过这种方式去结交朋友，所以才会没有朋友吧！就我个人而言，我年轻的时候也曾深刻地体会过孤独的滋味，因此我也不是不能理解这位男子的心情。可是不管怎么说，明明是自己做出了会让女孩子感到恐惧的行为，却在被对方训斥之后，觉得是自己受到了伤害，然后立刻迁怒于对方，我觉得这样的做法实在是蠢透了。与此同时，我认为在感到害怕的时候能够立刻表达出自己的愤怒的妻子真是相当了不起。

在跟我讲述这个故事的同时，妻子还告诉我，虽然现在四十多岁的她依旧是个很认生的人，但是在她年轻的时候，情况比现在还要严重。那时的她因为对陌生人感到恐惧，甚至会在无意识的情况下营造出让周围的人特别是男性，不要接近自己，不要和自己搭话的氛围。而这样的做法会引发什么样的后果呢？那些能够读懂这种气氛的人不会接近她，与此相对的是，那些完全无法读懂这种气氛、神经十分大条的人反而会不断地试图接近她。

当然，这个故事说得有些夸张了。

现在回想起来，在那些接近她的人之中，或许也有几个人会让她觉得自己当时要是能和他多聊几句就好了。可即便如此，对我们来说，要越过自己的心理防线去与他人进行交流，真的是一件非常困难的事情。有时一个不小心，这就会成为男性对女性所施加的一种"暴力"。

人类学家小川彩[1]所撰写的《在都市生存所需要的狡猾——坦桑尼亚的零售商人马钦加的民族志》一书给我带来了很大的冲击。小川在坦桑尼亚的都市四处游荡，甚至亲身参与了街边商贩的买卖交易，并成功地与这些商人打成一片，到最后，就连她自己也成了当地的一名街边小贩。

一位年轻的日本女性站在坦桑尼亚的街边贩卖废旧衣物，这景象在当地想必十分显眼。

小川本人进行田野调查的"深入方式"相当耐人寻味，而她所描述的"马钦加"（指在街边卖东西的流动商贩）的世界也十分有趣。在这里，人与人直接面对面进行交易，几乎不存在

---

〔1〕 小川彩（1978—），出生于日本爱知县，文化人类学家，京都大学地域研究博士，立命馆大学大学院尖端综合学术研究科的教授，研究方向为非洲地域研究。

能够规范这一切的"外部权利"。因此，在这个世界，一些机会和运气，或者说是"狡猾的智慧"会起到很大的作用。这些街边小贩不仅会与客人讨价还价，他们彼此之间同样存在着较量，他们互相欺骗、互相敷衍、唇枪舌剑，想尽一切办法将自己的利益最大化。

其中最有趣的地方在于，在这些"马钦加"的世界里，他们的组织体系并不会因为彼此之间的争夺和背叛而土崩瓦解，他们会对彼此保留最低限度的信任，并以此来维系整个组织的正常运转。我们一直都认为，要是没有了类似于警察和军队这样的外部强制力量，社会的道德规范和秩序一定会崩溃。然而，在没有这些强制力量的地方，"马钦加"在互相欺瞒中生存着的同时，也对彼此抱有着最低限度的信赖。在阅读这本书的过程中我深刻地认识到，我们所谓的"社会"，即便其中掺杂了许多"不好的成分"，它也是能够成立的。我们总觉得在没有外部强制力量的地方只会存在着你死我活的争斗，而这本书对于怀揣着这种想法的我们来说，无疑是一剂大快人心的"解毒剂"。

当我们遭遇了令自己感到害怕或是厌恶的事情，我们会马上向上级告密或是报警。然而，大多数情况下，那些在车厢里或马路边大吵大闹的人，他们不过是因为完全沉浸在自己的世界里，从而忽略了周围的状况而已。

当你尽可能带着笑意对他们说："抱歉，你们能不能稍微小声一些。"对方大多也会用礼貌的笑容回应你，然后对你说："啊，对不起，是我没注意到。"

只要观察一下发生在网络世界的种种现象，我们就会发现，人们真的时常都在惧怕着他人。网络的世界里充斥着无法言喻的、毫无根据的恐怖，由此诞生了阴暗又病态的憎恶。

我总是会回想起小川彩所描述的，与他人之间可以被称作"庆典"的那般幸福的相逢。当然，在这么多年的田野调查过程中，她肯定也经历过许多令人讨厌的事情，甚至有时还会面临生命危险。可即便如此，小川依旧热衷于在作品里描绘出人与人之间美好的相逢。这些相逢来自人来人往的街边，来自街边小贩的世界，那是一个仿佛每天都在举行庆典的热闹非凡的世界。

不过与此同时，我也会想起从妻子口中听说的那个故事。那纯粹是一场不幸的相遇，不仅如此，它还带来了切实的恐怖，是充满了暴力的体验。

相遇有时也会成为一种暴力。

我在杂志 *At plus* [1] 上刊登了一篇对小川彩的书籍和梁英姬 [2] 导演的电影《家族的国度》[3] 进行比较的文章。这两部作品

---

〔1〕 由日本太田出版社发行的思想哲学类季刊杂志。
〔2〕 梁英姬（1964—）出生于日本大阪府，韩国女导演、编剧。
〔3〕 2012 年在日本上映的电影。影片根据导演梁英姬的真实经历改编，讲述了一对朝鲜兄妹离别 25 年后再度相聚的故事。

分别都在向观众传达一些非常重要的讯息，可它们所阐述的内容却是大相径庭。

梁英姬所导演的电影《家族的国度》（2012），讲述了因为"归国运动"[1]从日本回到祖国的朝鲜男子同他留在日本的家人之间的一场时隔二十五年的重逢。这部作品在反映出在日朝鲜人的生存状态以及战后日本社会的基本情况的同时，还着重刻画了这一家人平凡琐碎的日常生活。

1997年的夏天，故事的主角——年轻的在日朝鲜女孩理绘和家人一起生活在东京的平民街区。她的父母经营着一间咖啡馆，她的哥哥松浩原本也和他们生活在一起。然而，在1972年，年仅十六岁的哥哥独自回到了朝鲜。

在故事的开始，女主角的哥哥为了进行脑部手术，时隔二十五年再次回到日本。通过一台十分容易摇晃的手持相机所拍摄的画面，故事缓缓展开。他们所居住的房屋正是故事的主要舞台，一楼是一间咖啡馆，内部十分老旧，虽不够整洁，却充满了生活感。这间咖啡馆和他们居住的房屋所具备的生活感正是梁英姬导演最想要表现出来的部分。她想要通过这样的视觉表现手法，让观众感受到"真实生活在这里的气息"。该作品想要反映的并不是民族冲突之类深刻的话题，而是想让观众去直

---

〔1〕 全称为"在日朝鲜人归国运动"，指从1950年代至1984年期间，在日朝鲜人响应其国家领导人的号召，从日本返回家乡朝鲜的事件。

观地感受故事里每一个活生生的"个体"。

影片演员们讲述了久别重逢之后的这一家人平凡的日常生活，却在突然之间，让这个故事迎来了一个荒谬又不合逻辑的结局。只有对此目瞪口呆的我们被留在了大屏幕的另一侧。

梁英姬导演希望在这部作品中描绘的并不是与他人的相遇，而是"身为他人"这件事本身。在这部电影中并没有出现主角们与友善的日本人之间的幸福邂逅。不仅如此，这部作品里几乎没有日本人登场。只是以这一家四口为中心，描绘着他们在日本的真实的生活面貌。

这部电影没有像《无敌青春》[1]那样描绘出一场非常美好的邂逅，我时常会对这一点进行思考（当然，《无敌青春》也是一部很好的电影作品，我也非常喜欢）。

相较于生活在日本的外国人，以及冲绳人，或者说是与女性和残疾人相比，我显然都是隶属于多数派的。然而，我非常想要去了解这些少数群体或是弱势群体，并一直在进行着相关的学习。也因此，不管是在工作中还是私底下，我都结识了许多身处这些群体之中的人。

可是，归根结底，我始终还是人群中的多数派。

当我对学生们说起这方面的话题时，我总在思考自己应该

---

〔1〕 2005 在日本上映的电影，讲述了生活在京都的日本少年和韩国少女之间的恋爱故事。

如何去表达。总体来说，我希望处于多数群体的学生们能够了解这方面的问题，如果可以的话，我甚至希望他们能够亲自去拜访这些少数群体。

然而，这样的相遇有时也会成为一种"暴力"。

在授课期间，我也会带着学生去走访鹤桥、冲绳县以及釜崎[1]地区。有一次，在另一所大学任教的朋友拜托我带他的学生去釜崎看看。正好他所指导的五名学生都是女孩，这让我稍微有些犹豫。不过我转念一想，这毕竟是个非常珍贵的学习机会，因此我最终还是带着她们上路了。

一路上我们都非常小心，时刻注意着自己的言行举止，可有些醉倒在路边的大叔还是会对我们大吼大叫。在遇到这种情况的时候，大部分的学生都表示她们可以理解，然而其中有一个女孩开始觉得釜之崎是个非常可怕的地方。我努力向她解释，试图让她理解这些生活在路边的大叔们日子过得有多艰难。尽管她最后接受了我的说辞，可我还是不太明白，遇到这种情况的时候，正确的处理方式究竟是什么。

因为，在女大学生们看来，这些在街边过着流浪生活的人是一群"大叔"，更是一群"可怕的男性"，不难理解她们会想要与这样的群体保持距离。可是与此同时，这些被人们"特地

---

〔1〕 位于大阪市西成区的部分地区，居住着大量没有稳定工作的临时工，治安较差。

赶来观察"的大叔们，一定也觉得有所疑惑——"我们有什么好看的"，他们会产生这样的想法同样也是可以理解的。因此从那以后，我只有在八月举行夏日庆典的时候，才会带着女学生们造访釜崎地区（就是字面意思的"庆典"）。

强制让不同群体之间进行交流这件事，在各种意义上都有可能成为一种暴力行为，我应该更加谨慎地对待才是。可是，如果我们不曾越过这道屏障，包括那名女学生在内，我们所有人终其一生都无法与生活在保护着我们的"围墙"外面的人进行接触。现在的我仍然不知道如何正确地处理这种矛盾。

以国家为首，有各种各样的"防护网"在保护着我们这些人群中的大多数，因此我们从来不用去思考屏障的存在。我们被这道屏障庇护着，甚至都无法看到它的存在。举个例子，我们从来不会因为国家的关系而被迫与家人或是朋友分离，所以我们能够将这些人际关系与国家分开进行考量。因为持有各种各样的"特权"，我们才能过上隐私受到保护的私人生活。当然，我们每个人都会有一些个人的烦恼和痛苦，只不过多数派可以将这些视为私人问题，去独自烦恼伤神。

而对于生活在屏障外部的人群，我们这些被屏障保护着的"个人"心中充满了不具名的恐惧。的确，我们的内心深处都存在着对他人的畏惧之情，而这种不安和恐惧会很轻易地转变为对他人的攻击行为。

因此，这个社会无论如何都需要有人来分享与陌生人相遇时的喜悦。或许有人会认为这不过是一句毫无用处的漂亮话，又或许会有人觉得这个想法太过天真。可是，对于现在我们所生存的社会来说，采取冷淡的态度毫无意义，再这样继续发展下去一切都会无法挽回。现在的我们必须要与不同的群体共同生存，也要学着去承认他们本身的价值。

　　与此同时，我们也不能强行闯入他人的地盘，而是需要在适当的地方停下脚步，站在原地去感知对方。就像梁英姬导演的那部压抑得让人喘不过气来，充满了自我反省意识的作品，它并不会为了满足我们的期待而去轻易地安排一场邂逅，或是一些对话。我再重申一遍，在这部作品里没有出现"善良的日本人"，我认为这个看上去微不足道的细节其实非常重要。至少，梁英姬在这部作品中描绘了一些无法轻易被他人涉足，同时又会让人感到痛心无比的事物。这两者无法分出孰轻孰重，毕竟这是我们普罗大众所共同缺乏的东西。

交出人生

有很多人愿意赌上自己现有的一切，以此去换取不一样的人生，即使失败时会彻底失去曾经的人生，但这同样也是一种选择。

　　小时候的我十分喜欢读书，总是将自己幻想成书中的某个角色。在我上小学四五年级的时候，电影《星球大战》[1]在日本上映。当时的我非常喜欢这部电影，却因零花钱太少，只去电影院看了两次。不过，在同一时间出版的原作我倒是反复阅读了很多遍，就连纸张都被翻得破破烂烂。我还记得第一版的书籍并没有将"force"翻译成"理力"[2]，而是翻译成了"力场"。除此之外，我还阅读了大量的科幻小说、恐怖小说，以及一些较为经典的儿童文学和故事书。

　　在阅读的过程中我逐渐意识到，我与这些活跃于各种各样的小说作品里的主人公们，以及在银河里四处穿行的卢克·天行者[3]之间存在着巨大的差距，这让我十分痛苦。年轻的卢克

〔1〕 由美国导演乔治·卢卡斯所制作拍摄的一系列科幻电影。
〔2〕 中文翻译为"原力"，是《星球大战》系列作品中，一种虚构的、超自然的并且无处不在的神秘力量，是所有生物创造的一个能量场。
〔3〕《星球大战》系列电影的主要角色之一。

身上也有许许多多的烦恼。可是让他感到烦恼的，有时是自己未曾谋面的父母，有时是与养育自己的伯父伯母之间的关系，又或是要不要离开自己位于边境的故乡塔图因星球。这些确实是很值得烦恼的事情。而与此同时，占据了正在阅读这个故事的我本人心中的念头却是：我的好朋友和自己讨厌的家伙关系很好；为什么隔壁班的家伙会以一些莫名其妙的理由来找我的茬；还有现在回想起来都会让我很不愉快的那位最糟糕的教师向我提出的过分要求……

在小说或者电影里出场的角色，他们都在因为一些非常值得烦恼的事情而烦恼着。换言之，他们正在认真地对待着这些需要全力以赴的人生大事。如果有外星人袭击自己居住的城市，试图将整座城市化为灰烬，那么主人公一定会牺牲自己，像英雄那样正面迎击敌人。反观小学时的我，因为很难接受要和大家做同样的事情，所以逃掉了体育课。因此，在班会课上，我被众人声讨，然后成了全班的敌人。在与大家争论的过程中，我自己也忍不住委屈地哭了起来。当时的我每天的生活就是如此令人难为情，丝毫不似电影情节那般帅气神勇。

深藏在我心中的这些情感变化简直微不足道，可我却无论如何都没法逃离这些情绪带给我的困扰。它们让我无处可躲，身心俱疲。对于当时的我来说，只有和家里养的狗狗一起玩耍的时候，我的内心能得到片刻的安宁。与这个过于丢脸，甚至有些不体面的自己相比，卢克·天行者的烦恼和痛苦却是那么的帅气迷人，我打心底感到羡慕，同时又有些不甘心。当然，我心里也明白，这些小说和电影在某种意义上"纯属虚构"。也因此，作品会省去对主人公充满"人情味"的那一部分的描写，只留下那些从外到内都帅气得近乎不自然的部分。

可即便如此，当我尝试去阅读刻画了真实的人类形象的纯文学或是私小说[1]的时候，那些絮絮叨叨的内容没完没了似的，总让我有些受不了。说到底，没有出现外星人和时光机器的作品读起来有什么乐趣呢？我真是完全无法理解，因此，我很快就停止了阅读这类书籍。这也使得我完全没有关于纯粹文学作品的知识储备和修养。即使现在的我就快要五十岁了，可我的阅读喜好依旧没有任何的改变。

隐藏在"自我"之中的究竟是什么？当我试着去窥探的时候，会发现其中并没有什么值得被提及的东西。它们不过是一些我在迄今为止的人生中收集到的零碎片段，这些片段之间没有必然的联系，它们一文不值，甚至毫无意义，只是安静地散落在一旁。我本人的性格以及与他人交流的方式，并不是我与生俱来的特质。不过是在与各式各样的人打交道的过程中，我会模仿他们的习惯和说话方式，从而形成了自己的"风格"。比如，我在初中遇见的 F 同学，在高中认识的 Y 同学和 N 同学，

---

[1] 诞生于日本大正年间（1912—1926）的一种独特的小说形式，又称"自我小说"，主要采用第一人称叙事手法，内容多为作者本人的身边琐事和自己的心理活动。

以及我在大学认识的 G 同学和 D 同学，特别是最后两人，我几乎是在无意识状态下，模仿他们聊天时独特的节奏和语速，以及对话题和段子的选择，还有说话的表情和抑扬顿挫，等等。在模仿的过程中，我学会了不同的"话术"，然后通过自己的"加工"，将它们变成了我自己身体里的"沉淀"。最后，这些"沉淀"造就了现在的我。

其实所有人都大同小异，我的人格也同样是在模仿不同的人的过程中所组合而成的。所以并没有谁是无可取代的，也没有谁拥有这世界上独一无二的东西。大多数人的人生，都由那些如碎片般零星的片段组成，并且这些片段也都毫无条理地存在着。

同样的道理，当听到"无可取代的自我"之类的漂亮话的时候，我总会条件反射般地产生厌恶感。说到底，所谓的"自我"本就无趣至极，不足轻重，甚至没有任何特别的价值。在迄今为止的人生里，我们都对此深有体会，甚至避之唯恐不及。

我想，这大概也是很多人的真实想法。而我们不得不与这个没有任何特别之处的自己一同生存下去。比起那种写满了歌颂我们每个人都无可取代的漂亮话的歌曲，如果有歌曲能够如实地表现出我们的人生就是不得不与毫无体面可言的自我相互妥协的过程，我倒是很想听一听。

不过，正因为我们的人生无聊至极，才有了一些我们可以做到的事情。

很久以前，我曾在网上看到一篇让我十分感慨的小短文。文章中写下了这样一句话："没有比金钱更重要的东西，如果有的话请务必告诉我。"对此，有人做出回应："如果没有比金钱更重要的东西的话，那我们不是就没法用金钱买到任何东西吗？"

看到这里我恍然大悟，原来这就是一次成功的辩驳。

如果我们的人生比什么都重要，是无可取代的存在的话，我们就没法舍弃现在的人生。而所谓的没有任何人舍弃自己的人生的世界是什么样的呢？打个比方，在这样的世界里，所有人大学毕业之后都会为了寻求安定的社会地位而参加公务员考试。不过，这个例子的确对公务员们有些失礼。

很久之前发生过这样一件事。有一位男大学生想要退学。在我任教的大学里，当学生决定退学的时候，需要事先与老师进行商讨（我也不知道这个规定究竟有多大的意义）。当时，校内的工作人员联系到我，让我去询问一下他的想法。

他是个非常认真，同时沉默寡言的学生，大多数情况下，比起在他人面前表现自我，他更愿意待在暗处静观事态变化。我问他："你好不容易才考上了大学，为什么会想要退学呢？这也太可惜了。"他这样回答道："我想要去美国做摇滚歌星。为此，我需要学习吉他。为了学吉他，我需要去美国好莱坞的音乐专业学校上课。为了能去那里上课，我必须学习英语。因此，我需要去语言学校上英语课。而为了上这门语言课，我不得不去打工赚钱。"

这样过激的（同时也是非常伟大的）梦想与他安静的外表有着十分强烈的反差。或许很多人会笑话他，可我却发自内心地想要为他加油。音乐的才能与外表无关，他也不是没有可能走上他口中所描述的人生轨迹。

在一般人看来，他所做出的选择对自己十分不利。当然，我作为一名教师，也十分认真地告诉他，就现在的日本社会来说，从大学退学会对他今后的生活产生非常不好的影响。可是他的决心不曾有任何的动摇。当然，不仅仅是他，包括我们所有人都有做出这样的选择的自由。

他确实想要成为别的什么人。他看上去也没有什么朋友，想必自己也没能从这样的大学生活中得到多少的快乐，因此，他才会想到要放弃这样的生活，放弃一切离开这里。或许他觉得，如果去到别的地方，他就能成为更好的自己。

想要大有一番作为确实不是那么的容易，实现目标的可能性近乎为零。可是，不管这可能性多么的微小，如果你从一开始就没想过要做成什么，那你注定无法做出一番事业。一个人能否成功，在你开始有这个想法的时候，一切都还是未知数。在你成功之前，你并不知道自己能不能成功。这是一场博弈。

如果你赌赢了，那么你将会得到"大有一番作为的人生"。而当你失败了，摆在你面前的将会是"一事无成的人生"。如果你所拥有的人生，是完美无缺的，有着至高无上的价值，并且的的确确是无可取代的存在，那么你会怎么做？我想，在这样的情况下，没有谁会主动放弃这样的人生吧！

再次申明，我想说的并不是每个人都有实现自我价值的可能，所有人都有可能实现自己的梦想的这样一些大道理。倒不如说，如同我之前反复强调的那样，我们终其一生碌碌无为，仅仅是度过了这么一段时光而已。大多数的人都曾被自己的人生所背叛。在大部分情况下，我们都只能是"本不该如此"的自己。

仔细想来，能过上波澜不惊的安定生活当然是最好的。因此，选择这样的人生道路是非常明智的。可与此同时，也有很多人愿意赌上自己现有的一切，以此去换取不一样的人生——即使失败的时候会彻底失去曾经的人生——这同样也是一种选择。

我并不想去评判这两种选择的好坏。只不过，当我们想要战胜自我的时候，我们就会面临这种与自己博弈的局面。

大学毕业之后，我非常想去体验一下迄今为止从未感受过的生存环境，于是我投身建筑工地，开始做起了临时雇佣工人。时至今日我都还记得，我第一次去工地上班的时候多么害怕和紧张。就好像我被迫离开自己习以为常的安全的生存环境，那种感觉真的十分痛苦。我当时心想，都已经来到这里了，我已经没有退路了，至少今天一整天的时间，我要和这些野蛮的家伙一起，在这个肮脏又危险的地方完成这份痛苦艰难的工作。当时的恐惧我到现在都能清晰地回忆起来。那种感觉，就好像是被一股无形的力量拽着去往昏暗冰冷的海底一般。

可与此同时，令人不可思议的是，我又感到非常的自由。我最后还是在建筑工地做了整整四年的临时雇佣工人。当然，对于一直从事着这份工作的人们来说，四年只是一个非常短暂的时间，可即便如此，这段经历还是改变了我的人生。

去衡量一个社会是否是一个好的社会的标准是多种多样的，其中有一种标准就是文化产业的发达程度。毋庸置疑，如果一个社会在音乐、文学、电影、漫画等多个领域都有着能够创作出优秀作品的"天才"，那它自然比缺乏这些文化产业的社会要好得多。

那么这个能够诞生大量的"天才"的社会，又是一个怎样的社会呢？那必定是一个有许多人都选择了主动交出自己的人生的社会。首先，要有数百万人放弃安定的生活，将自己的人生奉献给漫画事业之后，才会诞生出一位手冢治虫。因此，当有越来越多的人选择舍弃过去的人生与自己博弈，那么从中诞生出"天才"的概率也会越来越高。

当然，我并不是想说在这场博弈中败落的数百万人的人生也是有着某种意义的。毕竟，他们所拥有的不过就是失败后一事无成的人生。当我们舍弃自己的人生，最终却一事无成的时候，要是有人对我们说，你的存在对于一名"天才"的诞生是不可或缺的，我们当然无法接受，也不能理解这样的说辞。

然而，我的脑海里一直有个挥之不去的念头：我们所度过的毫无意义的人生，在自己一无所知的某个遥远的地方，或许会成为对某个人来说有着特殊意义的存在。

来自海的对岸

尊重他人的想法和意见，不擅自闯入对方的私人空间——这样的规则真的时时刻刻都在限制着我们的行动。

尊重本人的意愿，这句话有时会成为一种「压榨」，有时也会成为一种打着关心他人的旗号的「强行介入」。

　　在我的课堂上，我们有时会讨论一些有关于依赖症和癖好，或者是社会不良组织团体的话题。每当这时，我总会问学生这样一个问题：要是和你关系很好的朋友们近乎病态地执着于赌博，你会怎么做？又或者是，如果你的好朋友或恋人加入了看上去就非常奇怪的传销组织，你会怎么做？

　　我的这些学生大多都是因为对社会问题很感兴趣才选修了我的课程，可即便如此，在面对这个问题的时候，他们当中大多数人都会选择沉默。只要本人觉得这样很好不就可以了吗？我们始终都被"不要随便干涉他人的隐私"的这样一种礼节所束缚着。而事实上，当时我的课上有一位没法与会对她施暴的男友分手的女孩，大家都非常热心肠地聚到她身边，努力说服她和这个男生分手。

　　尊重他人的想法和意见，不擅自闯入对方的私人空间——这样的规则真的时时刻刻都在限制着我们的行动。即使是在讨论"乘坐电车的时候，如果身边的人遇到了困难，你是否会立刻出手相助？"这个问题的时候，大部分学生都认为：如果冒失地出手帮助反而会给对方制造麻烦，所以先在一旁观察一下情况比较好。

我想，这其实也算是"不去过分干涉眼前的人或事"这一规则对我们造成的束缚。

我们总是对陌生人冷酷无情，对身边的人却十分容易心软。看到那些对自己来说很陌生的流浪汉睡在公园里，我们会觉得好可怕。听说有外国人领到了生活保障补助金的时候，我们总会觉得自己吃了亏。而当我们身边的亲朋好友开始接触非法行业，或者是不断重复着错误的选择的时候，我们又很难主动出手阻止。"只要他本人乐意就好"，我们会像这样，想方设法找理由，对身边这些愚蠢的家伙表现得相当体贴。温柔地对待与自己亲近的人是非常容易的。只不过，在大部分情况下，我们这么做不过是为了远离麻烦罢了。

"只要他本人乐意就好"，这种尊重他人意愿的想法也是一种温柔的表现。毕竟我们自己也不希望我们所珍视的东西被别人认定是无用之物。然而，类似于"只要他本人乐意就好""要尊重本人的意愿"之类的论调经常会出现在有人想从当事人这里谋取利益的时候。

很多年前，当我正在学习有关于进食障碍这一病症的知识的时候，发现在许多相关的学会以及活动现场都会涌现出大量的冒牌医学专家的商品摊位，这让我感到十分惊讶。其中某个摊位在贩卖着价格高达百万日元的八音盒。据说只要听了里面播放的音乐，不管是厌食症还是贪食症都会康复。而那些强烈主张自费医疗[1]和混合计费医疗[2]的医生也会加入相关专题研讨会的组织机构。

这些企业的主要目标其实并不是患者本人，而是他们的父母。因为受病情影响，患者无法继续工作，所以他们的父母就会购买这些产品。对于这些父母来说，只要能让孩子恢复健康，即使要花一百万日元，他们也能欣然接受。

就算不举这么夸张的例子，在这些精神疾病的治疗方法里时常会出现结合香薰与瑜伽的治疗手段。我虽然不排斥这些治疗手段，但是，就整体来说，在医生的默许下，有许多并不能算是"医学治疗方法"的内容也能滥竽充数，其中甚至还存在着一些诈骗行为。

这些可疑的治疗手段最终被概括进所有的治疗方法之中，人们便会通过"只要他本人乐意就好""如果这是他本人的期望的话"等这样一些论调，从而排除来自外界的批判和干涉。

我想，这样的整体构造完全是在"尊重他人的主观意愿"

---

〔1〕 日语原文为"自由诊疗"，一般是指因为在治疗过程需要使用没有得到国家认可的治疗方法或是新型药物，所以无法使用医疗保险进行费用报销，需要患者承担全部的治疗费用。

〔2〕 日语原文为"混合诊疗"，指治疗过程中的部分费用可以通过医疗保险进行报销，另一部分费用则需要患者自行负担的医疗保健制度。

这一理论基础之下产生的。当然，我们的确应该最大限度地尊重当事者本人的意愿。有的时候，就连我自己也不知道该如何去讨论这些事情。举个例子，在有关于非主流影视作品和特殊职业的讨论中，如果有女性是"自发地"选择了这份工作，并且还乐在其中的话，那么从事这样的工作又有什么问题呢？

诚然，在讨论这个话题时，"当事人是否出于自愿，是否受到强迫"是最重要的关键点，不过这并不能代表这个问题的全貌。就算她本人自愿参与拍摄或是从事相关职业，我们依旧可以对现场实际发生的各种各样的问题进行批判和干涉，这是非常有必要的。

许多年前，一位患有厌食症的女演员以过度消瘦的形象拍摄的非主流电影的封面曾在网上引起了人们的热烈讨论。我并不知道这位女性经历过怎样的人生，又是因为什么原因而选择了这份工作。或许她在这份工作中得到了他人认同，或许她得到了温柔的关怀，于是这里成了她的容身之处，这样的情况也是有可能发生的。虽然这只是我个人的主观臆测，但我想她应该会拒绝世人利用良知和常识来介入她的生活。毕竟，这对她来说，就好比是在剥夺她的"容身之处"。

我也曾参加过几次饮食障碍自救小组的线下聚会。小组里有各种各样的女性，也有少量男性成员。其中某位女性会观察自然死亡的动物身体腐烂的过程。还有一位女性经常伤害自己的身体。面对一位会伤害自己的女性，对她说一句"你快住手"

实在是轻而易举的事情。可是，就算这么说又有什么意义呢？除此之外，我们还能为她做些什么呢？

"尊重本人的意愿"，这句话有时会成为一种"压榨"，有时也会成为一种打着关心他人的旗号的"强行介入"。

我们都不是"神"。我们所认定的正义仅仅是从个人角度出发的正义。如果我们认为这些想法在他人身上也能通用，那就大错特错了。在我们看来，那些冒牌医学专家的行为几乎和诈骗相差无几，可是对于那些心甘情愿被骗的人来说，这或许真的就是对他来说很有必要的东西。在我们看来非常糟糕的状况，或许对于当事人来说真的就是他唯一的容身之处。在这种情况下，如果我们仅仅是依靠这些零碎又主观的"正义"去评判他人的行为，那同样是一种暴力行为。

当然，即使我们不是神，作为普通人，我们同样也会做出非常残忍的暴力行为。

我曾经救助过一只濒死的幼猫。它满身是血，脏兮兮的，头上破了一个洞，伤口直接贯穿了它的下巴——也不知道是被乌鸦还是被人或是其他动物给弄伤的。不过都这样了它居然还活着，真是十分顽强。我立刻带它去宠物医院，让医生给它打抗生素。回到家之后我又帮它清洗了身上的血液和污泥。因为我们家本来就养着猫，所以我先把这只幼猫关在我的书房里偷偷照顾它。或许是因为受了伤的缘故，它总是歪着自己的小脑袋。后来我才从兽医口中听说，它会这么做或许是因为有一只耳朵已经失去了听觉。

捡到它的时候，我也不知道自己是否能救活它，然而就算救活了，我也不确定自己能否找到愿意领养它的人。可是没过多久，小猫咪就恢复了健康，整天活蹦乱跳，很爱玩我的吉他。之后，我们顺利地找到了愿意领养它的人，将它送走之后，我又重新回到了和之前饲养的猫咪一起生活的日子。又过了一段时间，我收到了领养它的主人发来的小猫咪的照片。照片里的它相当美丽，俨然是一只优雅的白色猫咪。

明明我们每天都在食用着被宰杀的动物的肉，却总是会忍不住把小猫咪捡回家。我不知道其中的原因是什么，也不知道这样做对小猫咪来说算不算是件好事。

我一直都反对猎捕海豚和鲸。然而，我每天都在食用牛或者猪的肉，却说自己反对杀死海豚和鲸，这似乎不太合理，我也不认为牛和猪是可以被无限屠杀的。就算我每天食用牛肉和猪肉，我依然可以表达自己反对猎杀海豚和鲸的意志，况且现在根本没有人会去食用它们的肉。说到鲸的肉，我认为，在有着足够的库存的情况下，根本就没有必要再去掠杀它们。

这确实不是个很完善的理论，可我们在理解了这是个不完善的意见的基础上，依旧有权利表明自己的观点。

当然，这样的观点必定会遭到他人的批判。

这就好像有人认为外国人应该离开不属于自己的地盘，应该废除低保制度之类的——他们确实有权利表达自己的观点。

当然，这些观点也和我的主张一样会遭到他人的批判，这都是无法避免的。如果真的有神明降临在我的眼前，我想我应该会拜托他不要管我们，不要干涉我们。并非神明的我们每一个人都被囚禁在这个名为"不完整的自我"的牢笼之中。说到底，作为普通大众的我们不过是一些支离破碎的存在而已。不过，也正是因为我们只是一些小小的碎片，所以我们才有权利说出自己心中对正义的定义。这其实更像是一种"祈祷"。我们自己没法决定这种"正义"能否被他人理解。我们能做到的，只是把小纸条放进漂流瓶里，封好口，让它随着海流漂泊远去。我们自己没法决定它会去到谁的手里，也不知道它究竟会不会被他人拾到。

法国著名社会学家埃米尔·涂尔干 [1] 曾说过，"被我们当作神明的其实就是社会本身"。我们的祈祷是否有效，这将由社会来决定。就像会有带来灾难的瘟神那样，一个社会也有可能自发地走向灭亡。不管是神还是社会都会犯下过错。

我们都在祈祷，自己所说的话，在自己的认识里正确的或是美好的事物，能够被传达给他人。可我们并不知道社会能否聆听到我们的祈祷。可我们只能面对社会不断发声，毕竟这是我们唯一能做的事。或者换个说法，至少我们还能做到这一

---

〔1〕 埃米尔·涂尔干（Émile Durlcheim 1858—1917），出生于法国，是法国犹太裔社会学家、人类学家，以及法国首位社会学教授。

件事。

厄休拉·勒古恩所创作的《了不起的亚历山大与飞猫》对我来说是个非常重要的故事。这是她以长着能够飞上天空的翅膀的"飞猫"为主角所创作的故事系列《长翅膀的猫》中的一个故事。亚历山大是一只活泼又自大的普通猫咪，它和一只小小的"飞猫"成了朋友。这只小母猫虽然能够在空中飞翔，却因为某个原因没法开口说话。

亚历山大的所作所为对这只小飞猫而言，也算是在"多管闲事"。

我很喜欢这个故事，甚至可以说，这个故事拯救了我。不过，在不同的读者眼里，亚历山大的行为或许更像是一种擅自闯入他人内心世界的无礼行为。

我果然还是会感到困惑。毕竟，有很多的暴力行为都源自他人的"善意"。我们不过是在事情发生之后，通过结果的好坏去对这些事情进行逐一区分。

或许还存在着另一种可能——我们"自己本身"就是一个错误。

在僵尸题材的电影里总是会出现这样的剧情——被僵尸咬到的人会在自己意识尚且清醒的时候，嘱咐自己的同伴："如果我变成了僵尸，请你杀了我。"可是，当我们真的变成了僵尸，我们就没法再说出这样的话了。

偶尔，我的某位平日里看上去很温和的朋友会突然激烈地斥责其他国家，明明谁都没有提到这方面的话题，他却开始对战争发表偏激的见解。这让我觉得十分恐怖。每次遇到这种事情，我都会这么想：其他国家的人说不定也是这么看待我们的吧。然后我会进一步思考，对方的想法或许就是事实。也就是说，我这个人的存在本身或许就是个彻底的错误。

此时此刻，我是不是缄口不言会更好呢？

说到底，我们的社会最终能够剩下来的到底是什么呢？我们除了向社会祈祷，真的什么都做不到吗？对于我们来说，能够坚定地说出"它的存在必不可少"的事物其实根本就不存在。我们能做到的只有相信这个社会，即便它充斥着暴力和错误。

我们每个人，都被囚禁在不完整的支离破碎的自我之中，我们无法确定自己所认为的"正确"是否真的是对的。即便如此，我们的行为依旧会对他人和社会产生影响。然而，我们并不知道这些想法是否真的能传达给他人，还是像那些被塞进瓶子里的大量话语随着海洋不断漂流。

偶尔，会有一些美好的事物从海的对岸来到我们身边——那或许是一只美丽的白色成年猫咪的照片，又或是一本叫作《了不起的亚历山大与飞猫》的书籍。

并没有什么特别的含义，可这样的事实的确存在，而我们真实地拥有着通过语言将它们描述出来的能力。

扔掉闹钟，
与狗约定

我们偏向对各种事物进行拟人化。或许是因为这么做会让我们觉得自己与周遭的世界是紧密联系在一起的。如果我们完全无法用自己的语言与这个世界对话，那该是多么孤独的事情。

　　小时候我经常一个人玩不使用数字去想象数字的概念的游戏。比如说"1"和"2"这样的阿拉伯数字，还有"一"和"二"这样的汉字，以及"ichi"和"ni"这样的日语罗马音，我需要在不使用这些记号和读音的情况下，想象出"1"和"2"这两个数字的概念。小时候的我一直在做这样的事情。可就算不使用数字和读音，我的大脑也会擅自想象出相应数量的苹果或橘子排列在一起的情形，因此我每次都无法成功。

　　我也很想知道自己能不能想象出并非任何乐器所发出的"哆""来""咪"这三个音的音高——既不是人类演奏出来的声音，也不是机械合成的声音，我想纯粹地去想象它的音高。

　　再比如，我有时会一直盯着一面白色的墙壁看，为的只是想要看清它究竟白到什么程度。我眼中看到的并不是"白色的壁纸"，而是"白色"这个颜色本身。排除承载着这个颜色的载体的质量，仅仅是看着覆盖在它表面的这个颜色——我想知道自己究竟能看到什么程度。

没有任何的解释说明，我只想去了解事物本身。当然，也不只是声音或者颜色这样一些抽象概念。

从小学一年级开始，我一直在饲养一只迷你型雪纳瑞犬。在家里，这只狗是我唯一的玩伴，它在我读大学的第一年去世了。在它去世之前，有将近一个月的时间，我一直独自一人片刻不离地照顾它。因为一些原因，那段时间正好只有我一个人在家，于是，这个家便成了我与这只狗的"二人世界"。当时它罹患癌症，癌细胞已经扩散到了全身各处，它也只能躺在地上一动不动。我觉得它多少也应该补充一点水分和营养，就用一把小勺子往它嘴里喂牛奶。尽管它已经不会排泄了，却还是用舌头舔我喂进它嘴里的牛奶。

某一天，我临时有事，然后离开了家大约三十分钟，就在这段时间里，它死了。我在什么都不知道的情况下回了家，可就在我打开玄关前那扇门的那个瞬间，整个房间突然安静了下来，那一刻我恍然大悟，原来它已经走了。其实在死之前，它的病情就已经严重到无法出声也动弹不得，因此，就算是活着的时候，它也十分的安静。然而，就在那一刻，我所感受到的不仅仅是没有动静，而是整个空间都陷入了比安静还要更加寂静无声的状态。

我把它抱起来，看着它的脸，它似乎在死之前吐过，嘴边还挂着一些污渍。我马上抱着早已骨瘦如柴的它一起进了浴室。

我一边大声哭着，一边脱光了衣服，抱着它的尸体一起泡在浴缸里，还给它用了沐浴露和护毛素。洗完澡之后，我用毛巾擦拭干净它的身体，再用吹风机仔仔细细地吹干它。这么一来，它就像活着的时候那样，毛发柔软顺滑。可就在我做这些事情的过程中，它的体温一直在下降，身体也逐渐变得僵硬。

因为没能陪着狗狗到它生命的最后一刻，我一直对此事耿耿于怀。于是某个人对我说："它就是不想让你看到它死去的样子，所以就在你外出的时候先走一步了"。

我非常生气地否定了他的话。

狗并不会这么想，它不会对自己的饲主这么客气。它不过是独自死去罢了。而我也不过是想要在它死去的那个瞬间陪在它身边而已。此后过去了二十多年，现在的我依旧是这么想的。

它是"为了我"才选择了这样的死法，也就是说，它是在"为我着想"，为了不让我感到悲伤而选择了独自死去。这样的想法是在将我当时不在现场的行为正当化，同时赦免了我的罪过。这种想法的确能让人感到慰藉，可这充其量不过是一种暂时的心理安慰罢了。如果接受了这种廉价的心理安慰，只会让我觉得，自己完全无视了它死去时的孤独，同时也践踏了自己这么多年来对它倾注的爱。

我们很喜欢对各种事物进行拟人化。或许是因为，这么做会让我们觉得自己与周遭的世界是紧密联系在一起的。如果我们完全无法用自己的语言与这个世界对话，那该是多么孤独的事情。

几天前，我把坏掉的闹钟扔了。那个时候，我本来想把电池取出来，可是装电池的盖子出了故障打不开，我没有办法，只能连着电池一起扔掉了。就算坏了，这台闹钟的指针依旧在一分一秒地转动着，这也让扔掉它的我产生了一种仿佛是扔掉了活生生的动物的错觉。就算被扔进了垃圾桶，它依旧在兢兢业业地记录着时间吧。然后到了星期二，收集垃圾的日子[1]，它会被装进垃圾袋，被清扫车回收。在此期间，它依旧浑然不觉地运作着。汽车最后将它带到了焚烧炉，并将它和大量的垃圾一起扔进熊熊燃烧的火焰之中。

可是，它又会在什么时刻停下来呢？在焚烧炉中被高温火焰炙烤着渐渐死去的过程之中，它会觉得疼吗？

就在我把闹钟扔进垃圾桶的那一刻，脑海里浮现了这样的想象，这让我多少有些心痛。就在那一刻，我与这个闹钟之间，似乎产生了什么微妙的联系。

不过，想也知道，这都是些玩笑话。闹钟并不会感到疼，就算时针一直在走，也不代表它就是活物，因此它也不会死亡。

在我与这台闹钟之间，除了这些我单方面的想象之外，并不存在任何的联系。

我发自内心地深爱着那只雪纳瑞犬，现在依旧如此。我想

---

〔1〕 在日本，垃圾需要在不同种类的垃圾所规定的收集日分别进行丢弃。

它一定也是这样的，发自内心地爱着我。可它并不是因为照顾我的情绪，所以选择了在我外出的时间独自死去，它只是刚好死在了那个时刻而已。死去之后，它在这个世界将不复存在。虽然我还清楚地记得它的味道、声音、动作、重量和触感，但是它已经完全不记得我了。

毕竟，它已经不在了。

我们的人生存在着许多的缺憾。我们没有太过突出的才能，也不是大富豪，更没有完美的身材，到死为止，我们都只能和这个无可救药的自己一同生存下去。

有的时候，我们会忍不住觉得自己的遭遇是来自上天的惩罚，也会将自己所遭受的不公归咎于他人。可是，有些话就算不说我们心里也明白，我们作为"我自己"诞生于世，这既不是惩罚，也不是谁的过错，这仅仅是一个毫无意义的偶然。我们也只能作为这个因为无意义的偶然而诞生的自己逐步迈向死亡。我们没法选择另一个人的人生，其中没有任何的意义。

我们无法和周围的世界进行对话，一切事物的存在都毫无意义。就连我们所面临的困境也没有什么特殊含义。

说到底，就连我们身为每一个"我自己"这件事本身都没有任何的意义。仅仅是因为一个毫无意义的偶然，我们诞生在这个时代、这个国家、这座城市。我们只能就这样慢慢死去。

不管是爵士乐还是巴萨诺瓦[1]，抑或是经典老歌，当我们让别人聆听自己喜欢的歌曲的时候，我们只能让对方去聆听这首歌曲本身。当然，这是理所当然的事情，不过它非常地耐人寻味。比如说，我们没法用语言来描述这首歌。虽然我们可以用语言来描述这首歌的特征和自己对歌曲的感受，但我们绝对没法写出一篇文章，让人们看到这些文字就会身临其境，如同真的听到了这首歌一般。

　　小时候，我的房间里摆放着许多我收集来的"漂亮小玩意儿"，诸如小小的鹅卵石、玻璃碎片、四方形的磁石、闪闪发光的金属片等等。只要一有空，我就会把它们放在手上，然后一直盯着看。在这个过程中，我不会对它们进行拟人化，也不会用人类的语言去跟它们对话。我仅仅是凝视着这些小玩意儿而已。

　　我和那只雪纳瑞犬之间存在着不需要用语言去描述的强烈的爱。我能从它的目光、耳朵的动作、鼻腔里发出的声音去了解它的想法。

　　我从小石头和玻璃碎片，以及宠物狗身上学会的，就是安静地待在它们身边。

　　不过，我也会遇到完全不同的情况。

　　我家附近的一间咖啡馆养着一只可爱的迷你型雪纳瑞犬，因为它真的非常可爱，所以我经常会去这间咖啡馆看它。对我

---

〔1〕　Bossa Nova，是融合了巴西森巴舞曲和美国酷派爵士的一种"新派爵士乐"。

来说，它现在已经是我的朋友了。店主告诉我，店里现在饲养着的这只雪纳瑞犬已经是第四代了，是最初饲养的那只雪纳瑞的曾孙。同时，他还告诉我，这间店从三十多年前开始饲养雪纳瑞犬，当时饲养的那只狗来自最初来到日本的迷你型雪纳瑞犬一族。

而据我所知，我之前养的那只雪纳瑞犬似乎也属于最初来到日本的迷你型雪纳瑞犬一族。

当然，这也很有可能只是宠物店店主为了把狗卖出去故意这么说的。可是，住在附近的这只雪纳瑞犬很有可能就是死在那年夏天的我的好朋友的亲戚。虽然事情的真相谁也不知道，但是每当我见到它，就会想起我的那只雪纳瑞犬。我会想着，不知道它在天国是否一切安好。

某天傍晚，我在淀川河畔散步，正好也有一位老太太带着一只柴犬散步。面对蹲坐在地上的狗狗，老太太自己也蹲下身去，然后用两只手捏住柴犬的脸，教训它："不可以哦！我们不是做过约定吗！出门的时候我们不是约好了吗！不可以不遵守约定哦！"

柴犬被她用两只手不断揉捏着的小脸上写满了困惑。

会和狗狗做约定的老人并不是在对狗狗进行拟人化，应该说，她根本未曾细想过要对人和狗加以区分。可以说，这是比拟人化要更加自然的状态。我甚至认为，这位老太太不会区别对待人与非人的事物。不管是在家里，还是在家门外，在她看来，不管是盆栽、泥偶、电视机、厨房，还是狗、猫、人、家和电车，所有一切事物都平等地生存着。

怀揣着这种想法的人生，其实也相当美好。

故事的碎片

温暖的南方到处盛开着美丽的花朵，恍若在人间的伊甸园。为了能够在这样的地方奔赴死亡，他们来到了冲绳。

　　这是我从朋友口中听来的故事。

　　大约在十年前，她曾去参观过某个县专门为麻风病患者所建设的疗养院。对于住在这里的麻风病高龄患者来说，这座疗养院也成了他们安享晚年的地方。

　　在她去参观疗养院的时候，大厅装饰着许多的绘画作品，它们全都出自住在这里的麻风病人之手。其中，有几张描绘女性身体的画作。在那里，她看到了一幅画。画中的长发女子全都保持着转头看向身后的动作，因此，画面上并没有描绘出她们的面孔。

　　后来她了解到，住在这里的一位七十岁左右的麻风病患者创作了这幅画，据他所说，他只在自己十五岁的时候见过一次画中的女性。他在十多岁的时候就被强制隔离，住进了这间疗养院。自那之后，想必他一直都好好地保存着这份记忆吧。如今年过七旬，他开始画画。在他所描绘的大量的风景画之中，掺杂着这样几幅构图完全相同的，来自他记忆中的女性的画作。

在过去，麻风病疗养院内会进行强制绝育和人工流产，因此病人很难留下自己的子嗣，不过他们之间是可以结婚的。我并不知道这位男性患者是否一直过着与女性无缘的人生，也不知道他是不是只看过那一个女人的身体。不过，因为结婚对象被限定在了入住疗养院的患者之中，所以，对他来说，或许那是他在"外面的世界"所看到的"唯一的女人"吧。

年轻的时候，我在一个自己偶尔会浏览的网站看到了一位有着特殊爱好的男性所制作的数据库，里面储存着由该网站的管理员所收集的大量相关图像。他单身，和年迈的母亲两个人生活在一起。他的日记非常有趣，我偶尔想起来就会去浏览一番他的网页。

某一天，网站的管理员突然在日记里告诉大家，他得了癌症，并且已经到了晚期。在那之后，他的日记除了表达自己对爱好的痴迷之外，还成了他与癌症战斗的记录。

之后，他的癌症进一步恶化，几乎已经到了无药可治的地步，于是他在日记里写道，自己已经放弃了治疗，打算继续怀抱着这份爱好，就这样一个人死去。

在他去世之后，网站的狂热粉丝们表示他们会继续运营这个网站，只可惜到现在，这个网站早已消失不见。

在冲绳有一所专门收容无家可归的流浪汉的教会，我曾有幸去那里进行采访。这间教会拥有规模庞大的宿舍楼，总共收留了数百名流浪汉，并对他们的生活进行支援，据说其中有百分之四十的流浪汉都来自"内地"（指冲绳县以外的日本其他地区）。

据说，他们此前一直在日本的其他地区四处流浪，渐渐地就憧憬起了南方的岛屿。其中有一些人甚至是为了寻死而来到冲绳的。

这里是温暖的南方，到处盛开着美丽的花朵，恍若人间伊甸。为了能够在这样的地方奔赴死亡，他们来到了冲绳。

教会的人也曾救下几位在公园里准备上吊自杀的男性。而对于冲绳本地人来说，这样的行为显然非常自私，并且会给他们增添不少的麻烦。

大约是在十年前，当时我和妻子一起住在公寓里，我们每天都会带着家里养的猫咪去屋顶散步。某年夏天的一个夜晚，我因为去外地出差还是参加酒会，具体原因我不记得了，总之那个晚上我正好不在家，妻子只能独自带着小猫牡丹饼和黄豆粉去屋顶散步。

公寓里的其他租客几乎都不会使用屋顶，也没有开灯，因此屋顶完全是一片漆黑。这天时间不算太晚，大概是在晚上七点，我的妻子带着猫咪们走上楼梯，在通向屋顶的入口处放着一个她从未见过的纸箱子。猫咪们对这个箱子毫无兴趣，直接奔向了宽敞的天台，而我的妻子对这个突然出现的巨大的纸箱子感到十分惊讶，担心里面放着什么不好的东西，于是轻轻地戳了一下那个箱子。接着，她听到了细微的声响，正当她因为这个声音感到惊慌失措的时候，从纸箱子里出现了一位年轻的女子。她看上去就是一位毫不起眼的普通大学生，穿着也非常简单，并且没有带着任何的行李。那个时候两只猫都在屋顶上，妻子想要保护小猫，便对她采取了有些强硬的态度。

妻子问她："你在这里做什么？"

然而对方没有做出任何的反应，回应给她同样的一脸不知所措。妻子觉得很可怕，跟她说自己打算联系警察，于是转身下楼回家去拿手机。可等她拿了手机回到屋顶之后，就在这短短的时间之内，那位女子连同纸箱子一起消失不见了，而猫咪们也逃回了家中。

还有一则住在团地的一对父子的故事。

父亲没有什么正经工作，一直过着游手好闲的生活。某一天，他从暴力团伙的熟人那里得到了一份工作，是替日本右翼人士驾驶街头宣传活动车。虽然有这样一位熟人，但是这位父亲此前与从事这些职业的人物没有半点纠葛。在接下了这份工作之后，这位父亲便将自己的短发烫成了在暴力团伙之中十分流行的小波浪卷。这是因为，他觉得不这么做的话，自己根本没法见人。

然而，在这之后的某一天，他突然把自己的头发全剃光了，朋友十分惊讶，便问他："你这个头发是怎么回事？"他告诉朋友，自己还在上小学的儿子虽然能接受父亲在给右翼街头宣传活动车当司机，却不能接受自己烫了波浪卷。他似乎无论如何都不能接受父亲的这个发型。听到儿子这么说，父亲立刻就剃光了自己的头发。

又过了一段时间，他辞去了司机的工作。

很久之前，在还很年轻的时候，我有一位女性朋友，她的男朋友同时也是我的朋友。有一天夜晚她独自来到我家，和我聊了很久。因为这件事，她的男朋友对她大发雷霆。

那个时候她怀孕了。

我问她："你打算怎么做？"

她说："我打掉了。"

我又说："原来是这样啊。那么，那家伙有给你出费用吗？"

她摇摇头，说："不，他根本不知道这事。"

"这是怎么回事？"

"我没有告诉他孩子的事情。"

"这是为什么？你为什么要这么做？"

"因为，如果我告诉他的话，我就会被他抛弃。"

尽管她的男朋友对她十分差劲，她却为了不被这样的男友抛弃，独自承担了一切，甚至没有把这件大事告诉她的男友。当然，这笔钱来自她自己的存款。在这之后，她依旧像是什么都没有发生过似的，继续和男友交往着。

我也是个男人，于是我忍不住开始思考，如果我的女朋友在我毫不知情的情况下做出这样的行为，究竟意味着什么。

几年前的某个清晨，我和妻子一大早就一起出门散步了。我家位于大阪的市中心，出了家门没走几步就来到了闹市区。我们沿着一条尽是小酒馆和情人酒店的街道往前走，在某家酒店门口的草丛里，有一位穿着西装的年轻男子满身是血地仰面躺在地上呼呼大睡。而在他身边，有一位大叔就呆呆地站在那里。

我向站在一旁的大叔搭话："这是怎么了？你叫救护车了吗？"

"不，我没有叫。为什么要叫救护车啊？"

"快点叫救护车啊。"

"不，没必要。"

"怎么可能没必要，我来叫吧。"

在等待救护车到来的过程中，我发现躺在地上的男子脚边有一个大大的皮革公文包。我问那位大叔："这是你的包吗？"

他回答道："这不是我的。"

等到救护车来了，在急救人员将躺在草丛上那名满身是血的男人抬上担架的时候，我顺便对他们说："这个公文包好像是这个人的东西。"

就在这时，那位大叔突然慌慌张张地将那个公文包抱在了胸前。

于是我对他说："你在做什么？这个包不是你的！"

听到我的话，那位大叔突然生气地冲我怒吼一声，眼看就要动手揍我。

他的行为有些意味不明，令我感到十分惊讶，于是也对他吼了一句："想打架吗？"

接着，一脸不耐烦的急救人员急忙上前来阻止了我们。最后，大叔就这样抱着公文包，和受伤的男子一起坐上了救护车。

还有一则小故事。在大阪市南部郊区，有一个叫作"我孙子"的地方。在散步的过程中，我和妻子顺势走进了当地的一间咖啡馆。就在我们喝咖啡的时候，有一位六十岁左右的老先生也走进了店内。

那位老先生留着稀疏的短发，并用类似发蜡之类的东西将头发全部梳到脑后，弄成了一个大背头。他戴着一副雷朋[1]的太阳眼镜，穿着一件赛车皮夹克，以及黑色的皮裤和黑色的工装皮靴。

大叔找到位置坐下后，就一直拿着手机在跟人聊天。大叔说的基本就是"Aha""Oh yeah""I miss you"以及"I love you"这四句话，他不过是换着顺序不断地重复着这几个英文短句。妻子和我看到他这种行为，都认为他其实并没有在跟人打电话，而是在自导自演。在大阪的某个角落，一个小小的街区，一家小小的廉价咖啡馆，一位穿着帅气又狂野的老大爷，正在

---

[1] 英文名为"Ray-Ban"，美国的知名太阳镜品牌，是美国文化的象征之一，在 20 世纪前期广受好莱坞明星的青睐。

表演着自己和外国女朋友打电话的情景。

我有一位朋友，他的妻子是个非常容易动怒的人。他们夫妻只要起了争执，她每次都会弄坏家里的东西。甚至有一次她把我朋友平时工作使用的台式电脑摔坏了。

那一次他们吵得很厉害，我的朋友直接抱着笔记本电脑冲出家门，然后在家庭餐厅[1]继续他的工作。几个小时过去后，在开车回家的途中，他发现自己家的方向有一股白烟正在升起，同时他闻到空气中有什么正在被焚烧的刺激性气味。

他回家一看，发现他所持有的两千本藏书全都被堆在庭院里，妻子把煤油倒在上面，将书全都点燃了。而与此同时，他年仅三岁的儿子什么都不知道，却很开心地在一旁欢呼着。或许，孩子只是把这团火焰当成了祭典上的篝火。

他大声质问道："你在做什么！"

而他的妻子只是牵着儿子的手，转身坐进自己的车里，一言不发地离开了。

令人惊讶的是，妻子并没有告诉他自己的目的地是哪里，可是我这位朋友却凭借着自己的力量，或者说是直觉，找到了这辆汽车。只不过，车里没有任何人的踪迹。

他进一步猜测妻子的目的地，从她的老家，到任何她有可

---

〔1〕 一种餐厅营业模式，在日本一般是指营造家庭氛围为基调，并提供大众喜爱的家常菜的餐厅。

能去的地方，最后，他认为妻子一定是乘坐新干线去了福冈县。在得出这个结论之后，他立马动身前往了火车站。

然而，这里还存在一个问题。那就是，他本人有着十分严重的幽闭恐惧症[1]，他根本没法乘坐飞机或是新干线。之前去东京出差的时候，他都是乘坐大巴或者普通列车——这些交通工具勉强还在他的接受范围之内。

在乘坐新干线之前，他在火车站的小卖铺买了一小杯烧酒，然后一口气喝光了它。可即便已经醉得迷迷糊糊了，他还是觉得很不安，于是他又买了一本杂志。因为醉意而满脸通红的他，就这样握着这一本杂志坐上了新干线。

列车一路开到福冈，在福冈车站，他看到自己的儿子和妻子就站在那里。两个人面对面开始号啕大哭，最后重归于好。

可以说他几乎是带着赴死的决心坐上了新干线，在乘车期间，让他忍受住了密闭空间的原因其实是那本杂志中间有一些折页订装[2]的内容。他想着，一旦自己真的陷入恐慌状态，想要大声吼叫的时候，就撕开这些被装订在一起的内容。他就靠着这个念头撑过了被囚禁在新干线的车厢里的那几个小时。

事后我问他：“所以那些被订起来的内容是什么？”

---

〔1〕 又名密闭空间恐惧症，是对封闭空间的一种焦虑症。患者会害怕密闭或者拥挤的场所，在某些情况下，例如电梯、车厢或机舱内，可能会发生恐慌症状。
〔2〕 书籍装订方法之一。为了不让读者在购买前看到里面的内容，而将书刊的部分内容进行折页订装，这些内容需要在购买之后按虚线撕开才可阅读。

他说："是一些女性部位的特辑。"

虽然过程充满荒诞色彩，但现在他们一家三口仍旧非常和睦地生活在一起。

后　记

　　如今，这个世界正在逐渐失去其宽容性和多样性。我们的社会变得越来越狭隘，越发令人感到窒息，并且充满了排他性。这是个不能容忍失败、不幸，以及与他人不同的社会。我们不被允许失败，也不被允许不幸。我们被要求时时刻刻都要积极向上，必须自力更生，不能依靠任何人的力量活下去。

　　当我们被迫在屈指可数的选项中做出选择之后，又会被他人要求对自己的选择负责，因为这是我们自己做出的判断。我认为这样的社会环境真是令人苦不堪言。

　　在这样的时刻，如果你有一位关系亲密的朋友，一定会对你大有帮助。可是在如今的社会，想要交到朋友也变得十分困难。令人不可思议的是，在这个社会，尊重他人同时意味着要与他人保持距离。当我们拥有了重要的人之后，会怎么做呢？

　　我们会选择不去干涉，不去管束，并与他保持距离。

　　这意味着我们放弃了去了解他人，也放弃了让自己被他人理解。偏偏这种行为却被视作是一种对彼此的尊重。

的确，从某个角度来说，轻易地去尝试理解他人，就好像是赤着脚闯进他人的地盘一般，是非常不礼貌的行为。

说到底，我们每个人本来都是非常孤独的存在。这本是一句理所当然的话语，但这对我来说，是我从小到大都没能解开的一个巨大的谜团。

因为就算我们在生活中时常被人群所包围，可是在我们的脑海之中，每个人都是孤独的。

我们从出生起就是孤独的。

正因如此，我们才应该多与他人面对面进行交流。我一直在思考着这两点，在思考的过程中，我写下了这本书。如果你能喜欢这本书，那我会感到万分荣幸。